D1734567

«off duty»

Beat Pfändler · Trudi von Fellenberg-Bitzi

«off duty»
Leben nach swissair
Porträts von Flight Attendants & Piloten

orell füssli

Die Herausgabe dieses Buches war nur dank finanzieller Hilfe Dritter möglich. Der Verlag und die Autoren danken ganz herzlich den nachfolgenden Institutionen und Persönlichkeiten für ihre Unterstützung:

Direktion für Bildung und Kultur Kanton Zug
Stadt Zug
Alice und Walter Bossard Stiftung, Zug
Stadt Zürich Kultur
flying CRANES Elektro-Bikes, Oberbüren und Sarnen
Daniel Langmeier, Weisslingen*

*Daniel Langmeier unterstützte auf grosszügige Art die Entstehung dieses Buches sowie eine von Beat Pfändler im Flughafen Zürich organisierte Ausstellung zu diesem Thema. Eine spezielle Würdigung befindet sich auf Seite 191 dieses Buches.

INHALT

«OFF DUTY»: DIE ZWEIDEUTIGKEIT EINES BEGRIFFS
VORWORT

Mit seiner Foto-Ausstellung «off duty» zeigte der Fotograf und Maître de Cabine Beat Pfändler 1997 am Zürcher Flughafen 40 Porträts von Flight Attendants und Piloten. Wie der Titel der damaligen Ausstellung verrät, hat Pfändler Berufskolleginnen und Berufskollegen während ihrer Freizeit fotografiert. Menschen, die sich beruflich über den Wolken bewegten. Und nebenbei über genügend Zeit für ihre Hobbys verfügten und diese als Ausgleich zur Arbeit auch entsprechend intensiv pflegten – wohlbehütet und sozial gesichert im Schutz eines erfolg- und traditionsreichen Unternehmens. Alle Mitarbeiterinnen und Mitarbeiter von Swissair genossen einen von aussen oft beneidenswerten, eher privilegierten Anstellungsstatus. «off duty» war ursprünglich für Insider gedacht. Doch schnell fand die Foto-Ausstellung auch ausserhalb der Schweiz Beachtung.

Zehn Jahre später hat sich Beat Pfändler gefragt, was wohl aus den einst Porträtierten geworden sei. Der Begriff «ausser Dienst» dürfte für einige dieser Personen zwischenzeitlich eine andere Bedeutung erhalten haben. Das schreckliche Flugzeugunglück vor Halifax sowie das Grounding und damit das Ende der Swissair fallen in diese Zeit.

Im Herbst 2007 wandte sich Pfändler an seine Kollegin und Journalistin Trudi von Fellenberg-Bitzi mit der Idee, gemeinsam ein Buch herauszugeben, in dem das Schicksal der zehn Jahre vorher Porträtierten aufgezeichnet werden soll. Im Mittelpunkt stand eine zentrale Frage: «Wo stehen diese Menschen heute, und wie haben sie die Aneinanderreihung der dramatischen Ereignisse bewältigt?» Die Journalistin zögerte keinen Moment und bestätigte dem Fotografen die Zusammenarbeit, denn die Fliegerei war auch für sie ein Thema. Für das gemeinsame Vorhaben brachte Trudi von Fellenberg-Bitzi beste Voraussetzungen mit. Sie hat für Balair, Crossair, Swissair und Swiss gearbeitet, ist zwischen 1977 und 1985 als Flight Attendant geflogen und hat später als verantwortliche Redaktorin für die «SAirGroup-News» Halifax und das Grounding miterlebt. Eine Insiderin, die Zusammenhänge und Hintergründe kennt.

Bald einmal stand das Konzept fest: Mit rund 40 aktuellen Porträts sollen die in den Neunzigerjahren fotografierten «Fliegenden» in einem Buch publiziert werden. Für die Autorin war es eindrücklich, die Schilderungen der Porträtierten aufzuzeichnen und gleichzeitig zu sehen, wo diese Menschen heute stehen. Eine ganz besondere Note erhalten die Porträts durch die Gegenüberstellung der früheren Aufnahmen mit aktuellen Bildern aus dem privaten und beruflichen Umfeld. Entstanden sind Lebensgeschichten, die zugleich berühren und erschüttern. Zäsuren haben neue Wahrnehmungsprozesse ausgelöst und Perspektiven von manchen Biografien zum Teil radikal verändert. Zusammen mit den hervorragenden Fotos von Beat Pfändler zeigt dieses Buch, dass nach Dramen wie Halifax, Grounding und dem Ende der Swissair das Leben nicht stehen bleibt und es gelingen kann, den Lebensfokus so zu richten, dass aus gegebenen Situationen etwas Neues gedeihen darf.

Gian Laube, Orell Füssli Verlag
Zürich, im April 2009

LUKAS TONETTO
«VOM DANACH GIBT'S WENIG ZU ERZÄHLEN.»

Ein Dompteur und Jongleur der Worte, der Sprache. Geniesser und leidenschaftlicher Liebhaber einer Dame mit dem Namen Swissair. Nur weil sie gestorben war, nahm er nicht die Erstbeste: Das wäre Swiss gewesen.

Lukas Tonetto geht noch weiter: «Ja, Swissair war wie meine Geliebte. Sie ermöglichte mir ein Leben fern jeglicher bürgerlicher Konventionen. Jetzt, da sie tot ist, könnte ich mich grämen. Aber es gibt auch eine positive Seite: Weil sie früh gestorben ist, kamen wir nie in einen Alltagstrott hinein. Und da ich die Erinnerungen auf meinen weiteren Weg mitnehmen kann, wird sie in jedem Fall immer einen exklusiven Platz in meinem Herzen haben.»

Wenn er über seine Swissair redet, spricht er emotional und dramatisch zugleich. Stundenlang. Seine Stimme ist kräftig und sie verzaubert. Seine Augen funkeln. Morgen könnte er für SR702 einchecken. Take-off um 07.20 Uhr. Destination Paris. Von der Uniform, der zweiten Haut, konnte er sich nicht trennen. Immer noch alles bereit. Hemden frisch gebügelt. Crew-Bag. Uniformschuhe. Hosen. Krawatten. Und am Bügel das Jackett mit dem BIGA-Pin am Revers. Auszeichnung und Garantie für ausgebildete Flight Attendants mit BIGA-Prüfung. Dann dreht er auf: «Wo beginnen? Was zuerst? Alles zusammen …!»

Nicht nur einfach einen Kaffee ausschenken. Einen Kaffee von Swissair servieren! Ein grosser Unterschied. Und von diesem Akt hat er – wie von vielen andern auch – gelebt. Zehrt heute noch davon. Oft. Starke Eindrücke aus der Kabine sind allgegenwärtig und zaubern etwas hervor, was nahezu unaussprechlich ist, weil diese Faszination nicht nachempfunden werden kann: «Es gab kaum Schöneres, als nach Rio zu fliegen und über Manaus mit dem Frühstückservice zu beginnen. Morgen. Der erste rötliche Sonnenstrahl in der Kabine. Majestätisches Sonnenlicht bricht sich gleissend in der silbernen Kanne. Strahlend weisses Linnen. Duft von gebrautem Kaffee und frisch gebackenen Croissants. Grossartiger Service, Inbegriff einer Dienstleistung. Und das auf 10 000 Metern Höhe. Unbeschreiblich. Solche Bilder bleiben. Und werden aus Distanz betrachtet immer stärker. Und natürlich auch ein wenig verklärter.»

Freundlichkeit sowie die jederzeit präsente Gastgeberrolle den Kunden gegenüber haben geprägt. Auch den Umgang unter den Flight Attendants in der Kabine. «Ein solch gutes Arbeitsklima, auch in Stresssituationen, ist wirklich selten. Beim ‹Final› – vor der Landung –, wenn man die letzten Tassen und die Kopfhörer einsammelte, gab es kaum je ein harsches Wort.» Das Klima war meist unbeschwert, frisch, motivierend. «Ein Klima der gegenseitigen Förderung. Ohne Chef-Gehabe. Was man tat, machte man auf Anhieb richtig. Nicht um sich oder dem Maître de Cabine zu gefallen, sondern für die Kolleginnen und Kollegen in der Kabine. Denn Fehler gingen immer auch zulasten der anderen. Ging einmal etwas schief, half man sich gegenseitig.»

Unter solchen Bedingungen habe man mit Leichtigkeit Spitzenleistungen erbracht. «Ein Spirit, den es nur in der Fliegerei gibt: eine Art Verschworenheit unter den Mitarbeitenden. Dazu eine Offenheit und Toleranz gegenüber vielen Dingen, die unter der Nebeldecke in meiner Heimat am Jurasüdfuss beargwöhnt worden wären.»

Ein gepflegter Umgang mit Menschen ist ihm wichtig; aber auch ein gepflegter Umgang mit sich selbst. Die Pflege, das Styling des eigenen Äusseren hänge untrennbar mit dem eigenen Selbst zusammen. Gepflegtsein repräsentiere eine positive Geisteshaltung, nicht bloss für andere, sondern immer auch für sich selbst. Nur wer ausgeglichen und mit einer inneren Zufriedenheit lebe, möge sich überhaupt pflegen. Und Flight Attendants seien ja immer gepflegt. Die Firma müsse allerdings niemanden zu dieser Repräsentation zwingen. Es sei vielmehr der Ausdruck dafür, dass man sich im Job, in der Kabine, mit den Passagieren und der Crew wohlfühle. So etwas spüre ein Kunde eben, und die Zufriedenheit der Passagiere verleihe einem Luft unter den Flügeln und ein grosses Selbstbewusstsein.

«Swissair hat mir ein positives Lebensgefühl vermittelt.
Dieses hinauszutragen in die Kabine, zu den Kunden …
So etwas ist im wahrsten Sinne des Wortes unbezahlbar.»

«Swissair hat mir ein positives Lebensgefühl vermittelt. Dieses hinauszutragen in die Kabine, zu den Kunden … So etwas ist im wahrsten Sinne des Wortes unbezahlbar. Wahrscheinlich so wie bei einem Schauspieler auf der Bühne. Die Kabine war ja auch ein wenig unsere Bühne und die Kunden unsere Zuschauer. Ich bin überzeugt, die Passagiere haben die positive Ausstrahlung gespürt. Und sind vielleicht auch deshalb immer wieder mit Swissair geflogen. Wenn die Atmosphäre in der Kabine unter den Mitarbeitenden stimmte, schwappte sie auf die Passagiere über! So was wirkte fast immer ansteckend. Und wenn ein Vielflieger dann sagte: ‹That was excellent!›, stimmte einen das zufrieden, und der Tag hat seinen Sinn erhalten.»

Lukas erinnert sich an die Strecke Genf–Nizza. Circa 23 Minuten Netto-Flugzeit. Economy-class. 70 Passagiere. In der rechten Hand ein Plateau mit 24 Gläsern Vin Mousseux, in der linken ein Plateau mit Canapés, so sei er durch die Kabine balanciert: «Ich war 22 Jahre jung, und eine hübsche Französin mit einer Aura von ‹L'Air du Temps› sagte: ‹Qu'est-ce que c'est chouette.› Das gibt einem ein Gefühl von Welt. Damals war ich oft den ganzen Tag über einfach nur glücklich. Hatte die Welt nicht nur im Herzen, sondern auch im Kopf, in den Händen, in den Augen.» Er ist auch heute noch stolz, für die Swissair gearbeitet zu haben. «Natürlich lehrte uns niemand, dass wir stolz sein sollten. Es war einfach da, dieses Gefühl. Und hat beflügelt.»

Lukas' Eltern führten in Aarau über 30 Jahre lang das Restaurant Ticino. Manchmal hat er dort ausgeholfen: «Im Restaurant zu arbeiten, ist nicht nur angenehm: Es bedeutet Hitze und Hektik in der Küche, im Restaurant oft viel Rauch und Lärm. Trotzdem hat mir die

Arbeit im Service Spass gemacht und ein bisschen Trinkgeld gebracht. Was immer auch hiess: Mein Service hat den Leuten gefallen.»

1992 absolvierte er die Matura. Bereits damals verfasste er Gedichte und Kurzgeschichten. Und begann an der Uni Basel ein Studium der Slawistik, Romanistik und Volkswirtschafts-lehre. Nach vier Semestern war der Spuk vorbei. «Ich erwartete mehr vom Leben. Das Studium kam mir vor wie die endlose Weiterführung der Kindheit mit anderen Vorzeichen. Das wollte ich nicht mehr.»

Mit dem Journalismus hat er geliebäugelt. Als Maturand war für ihn, kurz vor seinen ersten beiden Publikationen, selbstverständlich, dass er ein Schriftsteller war. Schreiben sollte im Zentrum stehen, und deshalb wollte er eine Ausbildung am Medienausbildungszentrum in Luzern absolvieren, fand aber auf Anhieb keine dafür notwendige Praktikumsstelle bei einer Zeitung. «Ich habe viele Gespräche geführt, manchen Brief geschrieben …» Die Meinung des Chefredaktors der damaligen Solothurner Zeitung habe ihn in seinem Entscheid bestärkt. Dieser sagte zu ihm, dass er am liebsten mit jungen Quereinsteigern arbeite, da diese überdurchschnittlich motiviert seien. Das einzige Problem: Er hatte schon einen Stagiaire angestellt, und Lukas musste anderthalb Jahre warten. Eine Ewigkeit in diesem Alter. Und die grosse Frage war: Wie überbrücken?

Er fand eine temporäre Stelle bei der «Neuen Aargauer Bank» und sah während einer Pause im «Tages-Anzeiger» das Inserat: «Swissair sucht Flight Attendants.» Im November 1994 hat er sich beworben. Durfte sich vorstellen und war bei diesem Gespräch vor allem von der Attraktivität der Selektionsladies beeindruckt, atmete tief deren feinen Parfumduft ein – bis in die Seele hinein. Davon schwärmt er noch heute.

Der Grundkurs begann am 13. März 1995. Nur einen Monat später, am 13. April 1995, startete er mit SR110 auf den Erstflug nach New York. «Mit der ‹Whisky Alpha› – oder für Laien: mit der HB-IWA.» So die Immatrikulation der MD-11. Überfordert sei er gewesen. Habe nichts mehr gewusst vor lauter Begeisterung und Aufregung: Emergency Check. Wo ist der Powder Extinguisher? Essen zählen. Öfen kontrollieren. Mit ihm in der Economyclass habe Peter Schwab gearbeitet, der drei Jahre später beim Absturz vor Halifax genau auf dieser Route ums Leben gekommen sei. Auf dem Jump Seat (Klappsitze der Crew) habe er sich gefühlt, als schnalle er sich das Flugzeug auf den Rücken. Laut sei es gewesen. Und sehr eindrücklich. «Man sitzt da hinten. Es donnert, und man hat das Gefühl, der Flieger zerberste demnächst. Spürt diesen wahnsinnigen Speed. Die Beschleunigung. Wird in den Sitz gedrückt – nur einen Moment – dann hebt der über 250 Tonnen schwere Vogel ab. Verlässt die Erde. Wird leicht. Man fliegt. Fliegt. Und kann es kaum glauben. Und dann die Ankunft in New York. Das tolle Hotel an der 42nd Street. Und am nächsten Tag, am 14. April, stand ich auf dem Empire State Building statt in Basel auf dem Marktplatz und schaute auf Manhattan hinunter statt in einem Proseminar auf die Wandtafel. Es war einzigartig. Ein neues Leben hatte begonnen. Mein Leben mit Swissair.»

Der Traumjob war kein Bubentraum. Aber Lukas war derart begeistert, dass er heute sagt: «Mir kam es vor, als ob nach dreimal schlafen ein halbes Jahr vorbei wäre. Absolute Euphorie. Ich hielt die Welt in Händen. Immer wieder neu. Mit allen Farben. Mit allem Licht. Mit allen Schatten. Und wurde dafür noch entlöhnt.» Nur einmal hatte er einen Fotoapparat im Gepäck. Erlebnisse und Eindrücke brachte er zu Papier. Alles, was er während seiner sieben Flugjahre sah und erlebte, schrieb er in seine Notizbücher: Aus diesen Notizen sind rund 50 Reiseberichte entstanden.

«Und wie ein Blitz durchzuckte es mich, dass ich bei Swissair bleiben und in dieser Firma pensioniert werden will.»

«Einmal, an einem sonnigen Morgen in New York, nahm ich ein Taxi. Auf der Lizenz, welche die Fahrer immer oberhalb des Handschuhfachs befestigt haben, las ich den Namen des Fahrers: Sam Goldstein. Ein alter Mann. Er erzählte mir von seiner Emigration. In New York atmet man mehr als anderswo Geschichte. Seit diesem Morgen war für mich klar: Ich warte doch nicht auf einen Job als Stagiaire bei der ‹Solothurner Zeitung›, wenn ich in New York Menschen wie diesem Sam Goldstein begegnen kann. Und wie ein Blitz durchzuckte es mich, dass ich bei Swissair bleiben und in dieser Firma pensioniert werden will. Und so habe ich mir einen Lebensentwurf mit dem Namen Swissair kreiert.»

Was ihn später wirklich erschüttert hat, war Halifax; als Flight Attendant, aber auch privat: «Ich wurde zum ersten Mal mit dem unerwarteten, dem plötzlichen, dem schmerzhaften Tod konfrontiert. Meine damalige Freundin war ebenfalls Flight Attendant, und so ergab sich zum Glück die Möglichkeit, mit einem Menschen zu sprechen, der auch Insider war. Das hat mir sehr geholfen. Ausser meinen Eltern hat im privaten Umfeld kaum jemand verstanden, was dieser Absturz für uns bedeutet hat.» Wenn er an SR111 denkt, wird er immer noch emotional: Schrecklich sei es gewesen, abgrundtief traurig. Aber der Flugbetrieb musste weitergehen: «In der Nacht vom Mittwoch auf Donnerstag war der Absturz. Und am Freitag musste ich nach New York. Als ich aus dem Haus ging, schaute ich noch schnell bei meinen Eltern vorbei. Wollte mich verabschieden. Da nahm mich meine Mutter in die Arme…» Solche Momente im Leben vergesse man nicht.

«Die Passagiere waren gefasst und zweifelten weder an der Professionalität noch an der Safety. Als ich auf dem Rückflug von New York nach dem Service nochmals mit einem Plateau durch die Kabine gehen wollte, blickte ich auf einen der Monitore, die im Kabinengang an der Decke hingen. Sie waren Teil eines mittlerweile veralteten Bordunterhaltungssystems; auf diesen wurden jeweils die Spielfilme gezeigt. Wenn gerade kein Film gezeigt wurde, erhielt man Angaben über den Flug: Flughöhe, Temperatur, Uhrzeit, Distanz zum Ziel, abwechselnd mit einer Landkarte. In dem Moment, als ich die Bordküche verliess, fiel also mein Blick auf einen der Monitore, und ich sah Halifax, Nova Scotia! Ich blieb stehen und blickte hinter der letzten Passagierreihe durch das Fenster und sah weit unten schemenhaft im Dunkeln die Küste und dann glasklar die goldenen Lichter von Halifax. In diesem Augenblick flogen wir in eine Turbulenz, die Maschine vibrierte. Als ob die Toten uns rufen würden. Ich stürzte in die Bordküche zurück und brach in hemmungsloses Weinen aus. In diesem Moment kam alles raus…»

Schon während der ersten drei Flugjahre interessierte sich Lukas für Kommunikation. «Da gab's ein Magazin für das Fliegende Personal (damals ‹Inflight›, später ‹O-Mail›). Weil ein Redaktor in Pension ging, gab es die Chance, als Freelancer einzusteigen.» Und so kam er zur eigenen Kolumne, die er bis zur letzten Ausgabe monatlich verfasst hat. Im Jahr 2000 begann Lukas den 50-Prozent-Job im Büro von Andy Nitsch, dem Leiter der Communications Cabin Crew, in der internen Kommunikation, und arbeitete als Flight Attendant mit Zusatzaufgaben in der Redaktion der «Flight and Service Instructions» und anderer Publikationen. Dadurch konnte er sein Berufsfeld erweitern. Dies verstärkte natürlich das Gefühl, immer stärker in der Firma integriert zu sein. In der Zwischenzeit arbeitete er auch in der First Class.

«Ich war 27 Jahre alt, in der Blüte des Lebens. Voller Hoffnung und Vertrauen in die Zukunft.» Aber Hoffnung und Vertrauen wurden im Herbst 2001 radikal zerstört. Das Grounding. Das Ende der Swissair. «Ich habe daraus vor allem gelernt, dass man sich auf nichts verlassen kann; es gibt im Leben keine Garantien. Nichts ist planbar. Als mir, Jahre später, ein Personalverantwortlicher bei einem Job-Interview die Standardfrage stellte, wo ich mich in fünf Jahren sähe, dachte ich nur: Dieser Mann hat keine Ahnung. Was immer auch passieren wird in meinem Leben, gesellschaftlich, wirtschaftlich, nichts wird mich derart erschüttern wie das Grounding. Der Glaube an die eigene Unverwundbarkeit wurde verletzt. Ich glaubte mich auf der Siegesstrasse und meine Perspektive war, bei Swissair zu bleiben. Ein Irrtum, wie wir heute alle wissen. Ich habe während dieser Wochen gesehen, wie man den Piloten Cash in die Hand drückte: für ‹den Most› und die Hotels im Ausland. Und da war

«So viele Jahre in der Luft, immer im Bestreben, besser zu werden. Alles umsonst. Alles am Ende.»

mir klar: Unsere Firma kriegt keinen Kredit mehr. Wir sind am Ende. Am Tag des Groundings war ich dann im OPS. Andy Nitsch delegierte mich für die Kommunikation jeweils an die Sitzungen des Emergency Committee. Über den Lautsprecher des Konferenztelefons hörte ich Mario Cortis knorrige Stimme und den Entscheid, die Maschinen am Boden zu belassen. Damit war das Ende besiegelt. Die Crews und die Angestellten waren von einer hoffnungslosen Ratlosigkeit befallen. So viele Jahre in der Luft, immer im Bestreben, besser zu werden. Alles umsonst. Alles am Ende.» Er sei als einer der wenigen an diesem Tag auf dem Tarmac gewesen. «Ich kannte ein Flight Attendant, das einen Groundlink-Vertrag hatte und sowohl in der Kabine als auch am Boden im Passagierdienst arbeitete. Gemeinsam fuhren wir den ganzen Flughafen ab. Da war keine Bewegung. Nichts. Nur gespenstische Ruhe, als wir zwischen den riesigen Flugzeugleibern hindurchfuhren, den Giganten der Lüfte. Mit leeren Tanks.»

Lukas erzählt von den Hunderten von Menschen, die im Operation Center Schlange standen, um ihr Geld vom Sparkonto der Swissair-Depositenbank abzuheben. Erzählt davon, wie er eine Kollegin sah, kurz vor der Pensionierung, die Tränen in den Augen hatte. Während fast 30 Jahren Fliegerei hatte sie ihr Geld bei der Depositenkasse gespart. «Manche sassen auf Klappstühlen, weil sie Stunden warten mussten. Von oben herab sah es aus wie auf dem Deck eines Ozeandampfers, der zwar noch schwimmt, von dem aber doch alle wissen, dass er unweigerlich sinken würde. Wenigstens gab es da noch Monsieur Misérez, den Kassier. Er war einfach da, tagelang, und hat am Schalter der Kasse gearbeitet. Er war ein bewundernswert freundlicher Mensch, und ich werde nie vergessen, wie er in diesen Tagen mit einer ebenso bewundernswerten Gelassenheit weitergearbeitet hat. Und mit einer unaussprechlichen Trauer. Freundlich zahlte er den Menschen jenes Geld aus, das er noch auszahlen konnte. Oder durfte.

Der Traum, den wir leben wollten, das Leben, das wir geplant hatten, wurde uns weggenommen. Meine jetzige Frau wechselte nach dem Ende der Swissair zur Swiss. Ich hätte das nicht gekonnt; nicht nur, weil ich mit der Swissair zu sehr verbunden war. Es geschahen auch noch einige unschöne Dinge im Umfeld der internen Kommunikation. Für die neue Firma, in der solche Dinge geschehen konnten, wollte ich nicht arbeiten. So viel zum Thema Spirit. Das Ende der Swissair ging nicht ohne Tränen über die Bühne: Mein Lebensentwurf war zerstört.»

Doch das Leben musste auch für Lukas weitergehen. Nach dem Grounding immatrikulierte er sich an der Uni, besuchte den für ein Phil I-Studium obligatorischen Lateinkurs. Sieben Jahre hatte er sich mit der Swissair identifiziert. Dann war es vorbei. Lukas physisch und emotional ausgelaugt. Aber die neue Perspektive gab Halt. Mit der Zeit kam Distanz. Erschöpfung ist noch lange geblieben. «Vom Danach …», er lächelt voller Wehmut, «gibt es wenig zu erzählen. Ich war Werkstudent. Studierte Germanistik und Anglistik. Nach wie vor trug ich mein Notizbuch mit mir herum. Auch heute noch schreibe ich dort hinein, was mich inspiriert. Manchmal nur einen Gedanken, wenige Sätze. Natürlich träume ich noch vom Fliegen. Aber der Traum ist eben vorbei.»

Heute ist Lukas, nebst anderen Beschäftigungen, Mitinhaber und Geschäftsführer der Firma Trigger, einem Start-up-Unternehmen, das auf Web-Design, CGI (animiertes 3D-Design) und APS (Applikationen für Mobiltelefone) spezialisiert ist. Schreiben ist nach wie vor Teil seiner beruflichen Aktivitäten.

Und wo ist der Schriftsteller? Immerhin publizierte er noch während der Fliegerei in einem Zürcher Verlag eine Erzählung und las im offenen Block an den Solothurner Literaturtagen. Er schmunzelt, Schalk in den Augen: «Die Schriftstellerei ist keine Phantasmaorgie, sondern vor allem eine Kunst. Diese Kunst misst sich nicht an einer diffusen Anzahl Seiten, sondern an einer Geisteshaltung: Das Künstlerische lebt im Mut zum Ausdruck, in der Kreativität und der Hartnäckigkeit zur Umsetzung. Das ist das Wesen jeglicher künstlerischen Arbeit. Arbeit am Text ist daher Ausdruck dieses Willens, das Abbild der Welt, die Wahrnehmung derselben, umzusetzen, denn die Welt, was ist sie anderes als Wahrnehmung? Diese Wahrnehmung darzustellen – persönlich und in einer allgemeinen wahren Form –, das ist die Herausforderung des Schreibens, und diese will ich immer wahrnehmen, egal, ob es sich um eine kleine Auftragsarbeit oder ein grösseres, persönliches Projekt handelt. Deshalb ist für mich die Frage nach dem Output zweitrangig. Der Künstler in mir will immer das Höchste. Das war auf der schönsten Bühne dieser Welt, der Flugzeugkabine, nicht anders als auf dem vertrauten, leeren Blatt Papier. Wer diese Einstellung nicht leben kann, wird immer ein Beamter bleiben.» ‹

MORITZ GASSER
FLIEGEN. IMMER NUR FLIEGEN!

Fabio kann Löcher in den Bauch fragen. So sind Kinder. Moritz Gasser spaziert mit seinem achtjährigen Sohn Fabio oft zum Flughafen Emmen. Auf dem Weg, den er selber vor 40 Jahren zum Kindergarten ging. Dabei die Flugzeuge bestaunte und wusste, dass er Pilot werden will. Er erinnert sich genau an seine Wünsche. Und an jenen Moment, als er zu seinem Kindergartenfreund sagte: «Komm doch auch, dann können wir gemeinsam fliegen.» Dieser aber wollte nicht in die Luft, und so musste Moritz seinen Traum im Alleingang verwirklichen. Fliegen, das war, ist und wird immer ein Teil seines Lebens sein.

Heute ist er sich bewusst, dass er das, was er wollte, genossen hat. Immer noch geniesst. Und doch blickt er immer mehr auch hinter die erfüllten Wünsche, stellt Fragen. «Wenn man älter wird und die Hälfte des Lebens vorbei ist, überlegt man sich öfter, was das Leben noch für Aufgaben bereithält. Man versucht, hinter allem einen Sinn zu suchen, zu sehen oder zu erfragen und stellt fest, dass es nicht immer eine Antwort gibt.» Moritz probiert, im Moment zu leben, weil es nach seiner Meinung weder Zukunft noch Vergangenheit, sondern nur das Hier und Jetzt gibt. Es gehe ihm nicht darum, das Vorausschauen zu unterlassen. Planung sei für die Zukunft wichtig. Aber einmal geplant und vorwärtsgeschaut, sollte man wieder zurück in den Moment, meint der ehemalige Kunstturner und Berufspilot. Ganz da sein. Alles rundherum vergessen. Eintauchen in den Moment. Aus einem solchen Verhalten lächle Profit. Das sei mit allem so. Doch heute, da die Menschen über Handys verfügten, sei jedermann zu jeder Zeit erreichbar. Und Konzentration schwieriger geworden. Wem es jedoch gelinge, sich auf eine Sache ganz einzulassen, der sei ein Gewinner. «Dann fliesst's, dann lebt man wirklich.»

«Nicht aufgeben», lautet sein Motto, mit dem er
auch seinen Bubentraum, Pilot zu werden, realisierte.

Dass er sich mehr mit dem Tod beschäftige und mit der gewonnenen Gewissheit, dass nur dieser sicher sei, habe wohl mit seinem Alter zu tun. «Was danach kommt, weiss man nicht. Und vielleicht ist das auch gut so.» Auf jeden Fall stelle er sich vor, dass es in einer anderen Welt angenehmer sei. Und obwohl nicht eigentlich religiös, ist er der Überzeugung, dass das, was wir hier auf dieser Welt erleben, nur ein Teil des Ganzen sei.

Von diesem Teil des Ganzen hat Moritz schon ein grosses Stück gelebt. Sportlich. Und daher mit Schwung. So nämlich versucht er den Alltag anzugehen. Und dieser hat ihn als

Kunstturner 1984 sogar an die Olympiade nach Los Angeles geführt: Nur als Ersatzturner, leider. Doch seine innere Einstellung habe sich deswegen nicht geändert. «Nicht aufgeben», lautet sein Motto, mit dem er auch seinen Bubentraum, Pilot zu werden, realisierte. Und zwar schnell, geradlinig und zielstrebig. Dabei hat alles so verspielt und verträumt begonnen, als würde man in einem Märchenbuch blättern: Der kleine Bub zieht die Beine seines Pyjamas in die Länge – weit über seine kleinen Füsschen hinaus. Steht auf dem Stoff. Dann zieht er an den Ärmeln, nimmt diese in seine Hände und hält sie mit den kleinen Fäustchen fest. Jetzt kann ich fliegen, denkt er und will abheben. In die Luft … Moritz ist fünf und träumt viel vom Fliegen. Auch am Tag. Und er zeichnet Flugzeuge und verschenkt die Zeichnungen. Fliegen. Fliegen. Immer nur fliegen!

In bescheidenen Verhältnissen ist er aufgewachsen, als jüngstes von fünf Kindern. Sein Vater arbeitete im Magazin des Flughafens Emmen. Die Ferien hat die Familie stets in Lungern verbracht. Auf dem Bauernhof bei den Grosseltern väterlicherseits. Die älteren Brüder waren im lokalen Turnverein. Und so ging der Jüngste eben auch in den Turnverein. Aber man habe nur Spiele gemacht. Moritz wollte richtig turnen. Deshalb ging er nach Luzern in die «Säliturnhalle». Einmal sei dort die Tür verschlossen gewesen. Kein Training. Niemand habe ihm etwas gesagt. Da habe er sich vor die Tür gesetzt und gewartet. Als ihn jemand fragte, was er hier tue, habe er geantwortet: «Ich warte. Ich will turnen.» Der Mann führte ihn in die «Dula-Halle». Und so kam er zum Bürgerturnverein. Und zum Kunstturnen. Sepp Stalder, ein ehemaliger Olympiasieger, war sein Trainer. Und hat ihn gefördert. Und Moritz hat's gepackt. Ein Kind unter lauter erwachsenen Turnern. Seinen Eltern sagte er lediglich, er wechsle den Turnverein. Diese waren natürlich nicht begeistert. Aber er blieb stur, und seine Eltern mussten den Entscheid einfach akzeptieren. Sepp Stalder schickte ihn ins Junioren-Trainingslager nach Interlaken. Nach dem Lager avancierte er ins Schweizer Nachwuchskader. Der zweite Traum begann sich zu formieren und war schneller als der erste …

Moritz besuchte in Emmenbrücke die Sekundarschule und später in Luzern das Lehrerseminar. In jener Zeit wurde er in die Nationalmannschaft der Kunstturner befördert. «Ich besuchte während rund 40 Stunden pro Woche die Schule, trainierte 16 bis 20 Stunden und hatte auch noch Hausaufgaben. Man bewegte sich immer im Grenzbereich des Machbaren.»

Mit 17 Jahren meldete er sich bei der Fliegerischen Vorschule an. Für ihn bedeutete dies, dass er mit 18 oder 19 Jahren fliegen konnte. Auf dem Flughafen Bern-Belp begann er mit Kursen. «Als der Fluglehrer ausstieg und sagte, dass ich's jetzt alleine könne, und ich daraufhin abhob, das war gewaltig. Jetzt fliege ich, dachte ich ununterbrochen und meine Begeisterung war grenzenlos.»

Nach dem Lehrerseminar besuchte Moritz die Rekrutenschule in der Magadino-Ebene. Das war auch jene Zeit, als er mit dem Spitzen-Kunstturnen aufhörte. Während der ersten vier Wochen RS ging es um Allgemeines. Dann aber kam die Ausbildung. Moritz, der ja bereits fliegen konnte, kam zur Militärfliegerei. «Es war fliegerisch die schönste Zeit überhaupt: die PC-7, das Schulungsflugzeug der Armee. Ich wusste noch wenig von der Militärfliegerei. Und genoss jeden Tag Unterricht. Erlebte und erlernte immer Neues, zum Beispiel Akrobatik,

Tiefflug im Gebirge, Fliegen in den Wolken ohne Sicht, Verbandsflug, einfache Luftkampf-übungen oder supponierte Angriffe auf ein Ziel am Boden. Jeder Tag wurde bewertet. Daher war das Ganze eine grosse Herausforderung. Wer gute Noten erzielte, durfte bleiben. Für mich bedeutete diese Zeit einfach Weihnachten: jeden Tag ein Paket. 21 Wochen Weihnachten! Dann gab es eine Pause. Und später hiess es, nochmals zweimal 17 Wochen Fliegerschule.» Das sei jene Zeit gewesen, da er von der PC-7 zum Vampire, dem Düsenflugzeug des Militärs, gewechselt habe. Absolut faszinierend, diese Zeit, schwärmt er auch nach 20 Jahren: «Pro-peller-Flugzeuge werden quasi gezogen. Und sie sind laut. Der Vampire ist leise, der Motor hinten. Man gleitet durch die Luft. Es ist eindrücklicher, einen Düsenjet zu bewegen als ein Propeller-Flugzeug.»

Aber der Höhepunkt sollte noch kommen: «Ende Fliegerschule ging's vom Vampire auf den Tiger. Da ging die Post ab. Das ist wie vom Velosolex auf den Porsche. Die erste Übung war, bei einem 360-Grad-Kreis eine sechsfache Beschleunigung zu fliegen. Das bedeutet, dass man in den Sitz gedrückt wird. Wiegt einer 60 Kilos, ist er bei einem solchen Manöver 360 Kilos schwer.» Sein Fluglehrer habe ihm dieses Manöver demonstriert. «Mental zu wenig auf diese Beschleunigung vorbereitet, drückte es mich wie nie zuvor in den Sitz, und das Blut im Körper sackte ab. Meine Netzhaut wurde mit zu wenig Blut versorgt, und die visuellen Infor-mationen konnten so nicht weitergeleitet werden. Ich hatte die Augen offen, sah aber nichts mehr, war jedoch bei Bewusstsein.»

Heute sei er militärisch wieder dort, wo er angefangen habe. Auf der PC-7. Als Komman-dant einer Fliegerstaffel hat er die Aufgabe, Jungtalente im Simulator zu erkennen und ihnen anschliessend das Fliegen nach Instrumenten und in den Wolken beizubringen. Damals, nach der Ausbildung im Militär, habe er sich entscheiden müssen, ob er Berufsmilitär- oder Linienpilot werden wolle. Der Drang, etwas Neues kennenzulernen, habe ihn zur Swissair gebracht. Über die Schweizerische Luftverkehrsschule, SLS, spricht er in den höchsten Tönen. «Das war die beste Schule, die ich in meinem Leben besuchen durfte. Absolut durchstruktu-riert, gekoppelt mit sehr kompetenten Fachlehrern. Alles, was man lernte, musste man auch können und konnte später angewendet werden.

An die Leistungsgrenzen zu gehen, sei nicht immer lustig.
Aber die Freude über das Erreichte dafür riesig gross.

Nach der SLS kam Moritz 1996 als Kurzstrecken-Copilot auf die MD-80. «In jener Zeit begann ich andere, neue Sportarten auszuprobieren. Hängegleiten, Surfen, Velofahren. Aber es hat mich nichts begeistert. Und so ging ich wieder zurück zum Turnen.» Er begann 1998 eine Mini-Trampolin-Gruppe mitzuleiten. Am Anfang waren es nur wenige Teilnehmer. Heute sind es über 40. 2005 hatte er, als Trainer, die Absicht, mit seinen «Springern» im Jahr 2007 Schweizer Meister zu werden. Also trainierte er mit den Leuten intensiver. Ein Turn-

kamerad sagte zu ihm: «Du hättest mich um 3 Uhr in der Nacht wecken können, und ich wäre fähig gewesen, das Turnprogramm abzuspulen.» Das Ziel wurde dann bereits 2006 erreicht. An die Leistungsgrenzen zu gehen, sei nicht immer lustig. Aber die Freude über das Erreichte dafür riesig gross.

Als Linienpilot kam Moritz 1993 auf den Jumbo. Der Bubentraum hat sich um ein Mehrfaches erfüllt. «Im Jumbo-Cockpit zu fliegen, war gewaltig. 375 Tonnen gehen in die Luft, wenn das Flugzeug abhebt. Und dieses Erlebnis hatte ich nach nur zweieinhalb Jahren auf der MD-80. Ich musste mich entscheiden. Entweder Jumbo oder MD-11. Und ich dachte: Jetzt oder nie. Sieben Jahre bin ich dann im Drei-Mann-Cockpit, noch mit Flight Ingenieuren, auf dem Jumbo geflogen.» Heute ist er Copilot auf dem Airbus. Schon bald heisst es, die nächste Hürde zu nehmen. Das Upgrading zum Kommandanten steht bevor.

Seit 1992 ist er verheiratet, wohnt mit seiner Frau und seinen drei Kindern in Meggen. Aber zwischen den Träumen gab es auch schlaflose Nächte, Existenzängste und viel, sehr viel Ungewissheit. Moritz erinnert sich an den Sommer 2001. Das Land habe er kurz vor dem Grounding kaufen und darauf bauen wollen. Das Geld habe bei der UBS gelegen. Später habe er es zur CS transferiert. Doch dort sei das Bauvorhaben an Bedingungen geknüpft gewesen. Sein Nachbar habe ihm den Tipp gegeben, zur Luzerner Kantonalbank zu gehen. «Meine Frau und ich haben dem Vizedirektor Zai alles offengelegt. Und er gab uns den Kredit, wohl, weil er nicht genau wusste, wie es um die Swissair stand. Wir ja auch nicht. Zai hat uns ermöglicht, das Land zu kaufen … Und dann kam das Grounding.»

Moritz ging zur Gemeinde, holte die nötigen Papiere und bereitete sich auf einen möglichen Landverkauf vor. Der Architekt wurde angewiesen, mit der Planung weiterzumachen, aber mit den Bautätigkeiten noch nicht zu beginnen. Nach einigen Wochen lichteten sich die Wolken. «Langsam schien es sich abzuzeichnen, dass Moritz Suter nicht mehr in den Verwaltungsrat gewählt würde. Nun dämmerte es auch denen in Bern, dass es Suter nicht um die Rettung der Schweizer Luftfahrt ging, sondern nur um sein Ego. Eigentlich beängstigend, wie viele damals etwas zu sagen hatten – Politik, Banken, Presse, Privatpersonen –, aber wie wenige davon etwas verstanden. Da habe ich den Architekten angerufen und zu ihm gesagt: ‹Es kommt gut. Suter wird nicht gewählt. Wir können bauen.›»

Die Themen rund um das Grounding sind für Moritz abgeschlossen. Doch wenn er sich daran erinnert, kommen ihm immer noch die Tränen. «Es war, wie wenn eine Beziehung zerbricht. Und neben einer unglaublichen Trauer quälten existenzielle Ängste. Und die Angst, den Traumberuf ausgeträumt zu haben. Die Bindung zur Swissair und zu deren Geist, wir nannten ihn alle den ‹Swissair-Spirit›, war enorm. Ich hoffte, dass wenigstens der Name gerettet würde. Was ich in jener Zeit an Falschinformationen, Inkompetenz und Manipulationen vonseiten der Medien und gewisser Akteure erlebte, gibt mir heute noch zu denken. Es zeigt aber, wie der Durchschnittsmensch, unabhängig von seiner Intelligenz, verdrahtet ist. Mediengläubig. Je einfacher und populistischer die Information, umso wirksamer: beängstigend …»

«Und neben einer unglaublichen Trauer quälten existenzielle Ängste.»

Swiss, das sei heute die Swissair. Nicht vom Spirit, sondern von der Arbeit, von der Technik her. Das Drum und Dran habe sich verändert. Fröhlichkeit und die einst dagewesene Ausgelassenheit seien weniger vorhanden. «Wir haben kompakte Flugpläne. Es fehlt an Zeit und Energie. Das Crew-House in Genf ist leblos. Früher war es lustig dort. Man hat sich getroffen, war vergnügt, hat sich ausgetauscht und interessante Gespräche geführt.» Doch Moritz schaut nach vorn. «Wir ‹Alten› müssen aufpassen, dass wir nicht nur von früher sprechen. Die ‹Neuen› – ich spreche vor allem von den Kabinenbesatzungen – kommen in eine Mühle, weil sie falsche Vorstellungen haben, was es bedeutet, Flight Attendant zu sein. Sie ertragen die Arbeit schlecht. Kurzstrecken, das bedeutet, dass 200 Leute ein- und aussteigen. Mehrmals am Tag. Viele halten diesem Druck und dem strengen Einsatzplan über längere Zeit nicht stand. Einige brechen die Ausbildung bereits nach wenigen Tagen wieder ab und kündigen.»

Die Industrie widerspiegle den Spitzensport, sagt Ex-Kunstturner Gasser. Was man vor 30 oder 40 Jahren an Trainings habe leisten müssen, das seien Welten im Vergleich zu heute. Es brauche viel, sehr viel mehr. Und zwar darum, weil andere auch mehr trainierten. Intelligenter trainierten. Wissenschaftlicher auch. In der Industrie sei es genauso. Mit der Preisabsprache bei der IATA (Internationale Flugtransport-Vereinigung) habe man noch erfolgreich operieren können, weil die richtige Konkurrenz gefehlt habe. Heute aber funktioniere die Wirtschaft wie der Spitzensport. Man müsse stets eine Nasenlänge voraus sein. Dies sei mit Aufwand, Energie und Verzicht verbunden. Und wie im Spitzensport müsse man aufpassen, dass man nicht übertrainiere, denn ein intensives Training bedinge Erholungsphasen, damit man den nächsten Tag bestehen könne. Vorgesetzte müssten wie Sporttrainer ein Gespür dafür entwickeln, wie viel sie aus den Leuten für Spitzenleistungen herausholen könnten, ohne sie zu überfordern. Damit sie nicht in ein Loch, sprich Burnout fallen oder sich innerlich von der Firma verabschieden würden und immer weniger bereit seien, Zusatzleistungen zu akzeptieren. Und die Aufgabe der Mitarbeiter sei es zu unterscheiden, welche Stressfaktoren sie von zu Hause an den Arbeitsplatz mitbrächten und welche Faktoren wirklich berufsspezifischer Natur seien. Es sei auch blind zu glauben, dass für alle Stressfaktoren der Arbeitgeber verantwortlich sei. So habe man keine Gelegenheit, schnell und effizient seine Möglichkeiten zur Veränderung zu nutzen.

«Die Swiss hatte einen kontrollierten Aufbau. Doch im Ausbildungssektor hinkte man hinterher. Das hat nun ein Nachspiel, deren Bezeichnung ‹zu wenig Leute› heisst. Mitarbeitende werden aus den Freitagen geholt. Andere können ihre Ferien nicht beziehen. Einsatzumstellungen sind an der Tagesordnung. Privatleben und Termine müssen immer wieder neu organisiert werden. Man kann dies, von der sportlichen Seite her betrachtet, als eine Herausforderung ansehen. Doch nicht alle treiben gerne Sport. Wenn es einer Firma schlecht geht, müssen die Mitarbeitenden Abstriche in Kauf nehmen. Aber das ist auch dann der Fall, wenn es einer Firma sehr gut geht, weil der personelle Aufbau mit dem Tempo nicht mithalten kann. Ich erlebe heute bei Swiss das intelligenteste Management. Doch die Herren müssen aufpassen, dass sie durch den Erfolg nicht blind werden und das Personal auspressen, denn sonst ist die Retourkutsche garantiert. Erfolg heisst eben noch lange nicht, dass man in allen Bereichen das Richtige getan hat.»

Moritz scheint gelassen. Und glaubt an das Gute in der Zukunft. Ob Fabio, wie er einst, dieselben Träume hegt, wenn sie gemeinsam am Flughafen Emmen die Jets bestaunen, weiss er nicht. Er will ihm von seinen Bubenträumen erzählen, davon, dass er einmal im Pyjama abheben wollte. Und möchte wissen, ob Kinder von heute überhaupt noch träumen – am Tag, wohlverstanden. ◄

LIZ HELLMANN
KEEP SWINGIN'

Sie hat sich einen lang gehegten Wunsch erfüllt: an Bord des russischen Atom-Eisbrechers «Jamal» zum Nordpol zu gelangen. Es sollte ihr letzter Aufbruch sein. Am 7. August 2007 ist Liz Hellmann in der Arktis tödlich verunglückt. Sie hinterlässt eine Zwillingsschwester, einen Schwager, Freundinnen und Freunde: Menschen, die mit ihr das Leben teilten. Reisen. Jazz. Fliegen. Ihr ungestillter Drang nach Freiheit. «Keep swingin'», schrieb sie als Schlusswort in ihrem vor Jahren verfassten Vermächtnis. So stand die Abschiedsfeier von Liz ganz im Zeichen des Jazz, ein Love Concert mit dem Monty Alexander Trio in der reformierten Kirche Bülach. Über Jahre hatte sie sich aktiv im Jazzclub Bülach engagiert und als Sponsorin manches Konzert ermöglicht. 27 Jahre war sie als Flight Attendant für Swissair unterwegs gewesen, liebte ihren Beruf, liebte das Reisen. Episoden aus jener Zeit hat sie in ihrem Buch «Wenn einer eine Reise tut» aufgezeichnet. Als freie Journalistin verfasste sie unzählige Artikel. Nach ihrer Pensionierung, 1997, begann sie wieder als Model zu arbeiten. Und sie war weiterhin unterwegs. Die Karibik wurde ihre bevorzugte Feriendestination, St. Thomas (USVI) ihre zweite Heimat. Dort, in der Coki Bay, ruht ihre Asche. ‹

MIRJAM BERTSCHINGER
WISSEN, WIE DAS LEBEN OHNE MUSIK SPIELT

Die Geige hat sie geprägt. Die Musik geformt. Üben geknetet. Und Swissair, das heisst das Fliegen, hat sie von allem befreit. Wer ist Mirjam Bertschinger ohne Violine? Das wollte die Musikerin 1994 wissen, als sie – mehr durch Zufall denn gewollt – Flight Attendant wurde und bis 1998 für die Swissair geflogen ist. Das Grounding und den Untergang der Firma hat sie aus Distanz mitverfolgt. Seit einigen Jahren lebt Mirjam in Dänemark. Sie lebt gut und arbeitet in ihrem Traumberuf. Dann und wann schaut sie mit Lächeln, Staunen und nach wie vor sehr beeindruckt auf die Zeit bei Swissair zurück: «Es kommt mir vor, als hätte ich damals immer frei gehabt. Man arbeitete ja nur während des Fluges. Und nach dem Einsatz

«Man arbeitete ja nur während des Fluges. Und nach dem Einsatz hatte man alle Zeit der Welt. Heute denke ich, ich hätte vier Jahre Ferien gehabt.»

hatte man alle Zeit der Welt. Heute denke ich, ich hätte vier Jahre Ferien gehabt. Das ist so, weil man als Musikerin immer übt. Und nie genügt. Man übt auch noch, wenn man das Instrument längst weggelegt hat. Die Musik ist da. Tag und Nacht. Im Kopf. In der Seele. Verfeinern. Verbessern. Repetieren. Immer. Die Fliegerei hat mich davon erlöst.» Es hat ihr viel bedeutet, dass das Interview im Hotel Baur Au Lac in Zürich stattgefunden hat. An dem Ort, wo die grossen Tonhalle-Musiker sich vor und nach Konzerten einfinden – der Treffpunkt schlechthin: Touch der grossen weiten Welt. Erinnerungen an jene Zeit, als Swissair ihre persönlichen Saiten stimmte, zupfte auch – und ihr somit den Klang für ein neues Leben öffnete.

Weltgewandt, selbstsicher und vor allem selbstbewusst managt die frühere Geigerin ihr Jungunternehmen in Dänemark: auf Dänisch, wohlverstanden. Disziplin gehört zu ihr wie der Bogen zur Geige. Und so begleitet sie das einst Prägende, Knetende und Formende tagtäglich in ihrer One-Women-Firma in Hillerød, wo sie als Tomatis-Konsulentin tätig ist. «Ich bin am richtigen Ort. Die Entwicklung eines Menschen durch Musik, das ist die Brücke vom Damals zum Heute.»

Die Eltern waren leidenschaftliche Hobby-Musiker. Alle drei Geschwister sind haupt- oder nebenberuflich musikalisch aktiv. «Wir sind mit Musik aufgewachsen. Jedoch nie mit Druck, sondern sie gehörte einfach dazu.» Mit zehn Jahren begann Mirjam Geige zu spielen. Im gleichen Jahr wechselte sie in die Rudolf Steiner Schule. Ein wichtiger Abschnitt in ihrem Leben. Sie sei mit viel Spiritualität aufgewachsen. Die Steiner Schule habe ihre Kreativität

gefördert und ihr die Möglichkeit gegeben, den Ausdruck in sich selbst zu finden. Trotzdem: «Anderssein war manchmal auch eine Belastung. Steinerschülerin. Pfarrerstochter.»

Auf dem Jolimont über dem Bielersee, in den inspirierenden Musik-Ferien für Jugendliche, hat sich Mirjam entschieden, Musik, das heisst Geigenmusik zu studieren. «Das Erlebnis, mit andern Musikern zu spielen, hat mich fasziniert.» Am Konservatorium in Zürich genoss sie fünf Jahre Ausbildung und schloss mit dem Lehrdiplom ab. Später besuchte sie am Konservatorium in Luzern die Konzertklasse. «Dort unterrichtete ein unglaublich talentierter und spezieller Lehrer, der mir viel mehr als nur Geigenunterricht gab. Die Art und Weise, wie er das Körperbewusstsein in das Geigenspiel und die musikalische Gestaltung integrierte ... Das war eine sehr reiche, volle und fürs Leben wertvolle Zeit.»

Weil sie nicht ins Orchesterbusiness wollte, interessierte sie das Konzertdiplom nicht. Kammermusik zu spielen und eine Weiterbildung, um mit Kindern zu arbeiten, das war ihr Leben. «Ich war im Zürcher-Kuchen der freischaffenden Musiker ... Die Geige war immer bei mir. Immer. Ich bewegte mich in der Musiker-, Opern- und Ballettszene. Das war eine schöne Welt. Und trotzdem dachte ich immer öfter, dass es im Leben doch noch mehr, anderes, zu entdecken gäbe ... Ich fragte mich, wer ich wohl wäre ohne Geige. Wollte herausfinden, wie das Leben ohne Musik spielt. Und dachte, wenn ich das jetzt nicht freiwillig herausfinde, wird mich das Leben eines Tages dazu zwingen.» Also hat sie an den Musikschulen gekündigt, ohne zu wissen, wie es weitergehen würde: «Ausser Vertrauen hatte ich nichts.»

«Fliegen hat mir nichts bedeutet. An so etwas habe ich nie gedacht. Ich bin sehr umweltbewusst aufgewachsen. Meine Mutter pflegte zu sagen: ‹Einmal fliegen pro Jahr ist genug.›»

Während eines Tanzkurses, es war «Standard-Latin-Dance», hat ihr Tanzpartner, der Flight Attendant war, vom Fliegen erzählt. Und sie ermuntert, doch zur Swissair zu kommen. «Fliegen hat mir nichts bedeutet. An so etwas habe ich nie gedacht. Ich bin sehr umweltbewusst aufgewachsen. Meine Mutter pflegte zu sagen: ‹Einmal fliegen pro Jahr ist genug.› Ich habe mich trotzdem beworben. Und im Sommer 1994 vorgestellt. Herausgeputzt im Deux-Pièces und geschminkt. Die Haare kurz geschnitten. Und war aufgeregt. Wusste kaum, wie ich durch die Drehtür am Hauptsitz der Swissair kam. Bereits am Tag nach dem Auswahlverfahren kam der Anruf, dass ich im September-Grundkurs dabei sei. Es war in jener Zeit, als ich mich entschloss, die Geige ein halbes Jahr nicht mehr zu berühren. Ich wollte wissen, wie es mir dabei gehen würde. Und – ich vermisste sie nicht! Merkwürdig und befreiend zugleich. Ich hatte den Kopf voll vom neuen Leben. Und musste nicht mehr üben. Perfektionieren.

Als ich auf dem ersten Flug war und in meiner Uniform auf dem ‹Jump-Seat› sass, musste ich lachen: Nie und nimmer habe ich davon geträumt, als Flight Attendant nach New York zu fliegen. Und plötzlich war da ein Traum, der kein Traum, sondern Realität war. Das war so was von schräg, und ich wusste, dieser Take-off eröffnete mir einen neuen Lebensabschnitt und erlaubte mir, unbekannte Seiten an mir zu entdecken. 200 Passagieren eine Swissair-Schokolade abzugeben und das so zu tun, dass jeder spürt, dass er gemeint ist, das war eine neue Herausforderung.»

Fliegen, das bedeutet für Mirjam auch heute noch Befreiung. Abenteuer. Grenzen sprengen. Welt schnuppern. «Und wissen, wie das Leben in Bombay, Tokio und New York riecht. Ich fühlte mich nie so sehr mit dem Boden verbunden wie damals, als ich geflogen bin. Viel stärker als mit der Geige. Ich habe meine Beine gefunden. Ich wurde zur Mirjam, die mehr

> **«Ich fühlte mich nie so sehr mit dem Boden verbunden wie damals, als ich geflogen bin. Viel stärker als mit der Geige. Ich habe meine Beine gefunden. Ich wurde zur Mirjam, die mehr war als Geige und Musik.»**

war als Geige und Musik. Dabei hat es natürlich auch Leute gegeben, die mir zu verstehen gaben, dass ich verrückt sei, den Traumberuf einer Geigerin aufzugeben, um als fliegende Serviertochter zu arbeiten. Aber ich habe viel erlebt in dieser Zeit. Und unglaublich viel gelernt. Etwas, was ich nie vergessen werde: sich auf eine Situation einlassen. In einer Situation sein. Und sie wieder loslassen. Letzteres ist besonders wichtig. Wenn man zum Beispiel auf einen Flug geht, zusammen mit einer Super-Crew und hofft, man sehe sich nach der Rotation wieder, dann stimmt das nicht. Jede Crew ist anders zusammengesetzt. Jede Destination ist anders. Und das bedeutet, immer wieder loszulassen. Ich habe die Fliegerei genossen. Sie hat mich mit Menschen zusammengebracht, denen ich sonst nie begegnet wäre. Und an Orte gebracht, wo ich sonst nie hingekommen wäre. Zeit und Raum bekamen etwas Surreales. Ich fühlte mich dauernd wie in einem Film, in dem die Szenen in hohem Tempo wechseln. Ständig. ‹Am Ende bist du überall ein bisschen und nirgendwo mehr richtig›, hat mir in Seoul ein Maître de Cabine gesagt.»

Mirjam hatte sich zum Ziel gesetzt, von jeder Reise mindestens ein Erlebnis mit nach Hause zu nehmen. Das sollte reichen und sie längere Zeit begleiten. «Rund um den Globus inspirierte Menschen zu wissen, habe ich wie ein grosses Netzwerk erfahren. Und oft habe ich mich gefragt, wie lange wohl die Psyche und vielleicht auch die Seele brauchen, um all das, was Zeit- und Raumgefühl sprengt, zu verkraften.»

Nach zwei Jahren meldete sich zum ersten Mal der Gedanke über ein Nachher. «Ich fragte mich, was es sein könnte und wusste zugleich, dass ich nicht mehr zur selben Art von Musik zurückkehren wollte.» Irgendwann begann Mirjam erneut Geige zu spielen, übte wieder … Aber als sie sich auf die Frage «Warum übe ich?» die Antwort gab, «weil ich noch nicht gut genug bin», legte sie das Instrument wieder weg. Immer wieder. «Ich musste für einige Zeit der klassischen Musik den Rücken kehren, mich anderen Klängen zuwenden. Ich spiele heute auch Saxophon. Improvisiere: Jazz, Tango und Klezmer.» Der Sound hat sie eingeholt.

«Einer meiner unzähligen Flüge war nach Kopenhagen. Plötzlich flog ich in jenes Land, von dem ich seit meiner Kindheit dachte, ich müsste hin. Mit acht Jahren habe ich von meinen Eltern ein Portemonnaie geschenkt bekommen. Es war aus Dänemark und sollte 30 Jahre später mein Leben bestimmen. Dieses Geschenk hatte in mir damals etwas ausgelöst, was ich nie verstehe und was ich nie werde benennen können: Sehnsucht nach Dänemark.

Auf einem Flug nach Kopenhagen im Sommer 1996 hatte ich fünf Passagiere in der Businessclass. Zwei waren Rockmusiker. Aus Chicago. Auf dem Weg zu einer CD-Aufnahme. Sie brauchten noch ‹Stringsound›. Es war zehn Tage vor meinen Ferien. Und so kam es, dass ich später, während der Ferien, plötzlich im Land meiner Träume war und erst noch Musik machte, im Aufnahmestudio mit meiner Geige.»

In den folgenden zwei Jahren beschäftigte sie sich vermehrt mit den Möglichkeiten einer Tätigkeit nach der Fliegerei. Nicht, weil ihr das Fliegen nicht mehr gefallen hat, sondern mehr intuitiv, mehr spielerisch denn absichtlich: «Was könnte sein nach meinen Flugjahren?» Ende September 1998, das bedeutet, drei Wochen nach dem Flugzeugunglück vor Halifax, flog Mirjam ihren letzten Einsatz: Weil sie ein neues Ziel beflügelte, nämlich die Tomatis-Methode. Bereits als Musikstudentin hatte sie darüber gelesen: «Und plötzlich hörte ich wieder durch eine Freundin davon. Verbindung von Ohr, Gehirn, Stimme und Körper. Die Lust zum nuancierten Horchen, Zuhören, Stimulieren. Konzentration und Lernfähigkeit verbessern. Sprache entwickeln und vertiefen. Stress abbauen. Das Horchzentrum Zürich suchte eine Mitarbeiterin. Im Oktober begann ich, sozusagen als Mädchen für alles, dort zu arbeiten. Die Aufgaben waren vielseitig, die Veränderungen, die ich bei den Klienten beobachtete, berührend. Aber da waren noch andere Gedanken: Ich konnte nicht mehr fliegen, war weg von der Swissair und fragte mich: Was mache ich jetzt mit meinem Traumland Dänemark? Bleibt dieses Land mir nur in Sehnsucht verbunden, oder soll ich dorthin ziehen, dort bleiben, mit allem, was dazugehört? In der Zwischenzeit hatte ich erfahren, dass es in Dänemark die Tomatis-Methode nicht gibt, und so habe ich mich entschieden, diese Ausbildung zu machen und diese Methode als ‹Tomatis-Frau› dort zu etablieren. Nochmals ein neues Leben zu beginnen. Doch der Traum vom eigenen Institut musste hart erarbeitet werden. Es gab viel zu lernen: ein mehr oder weniger unbekanntes Land, eine neue berufliche Rolle, ein neues soziales Umfeld und dazu musste ich perfekt – oder wenigstens annähernd perfekt – Dänisch lernen, um mich etablieren zu können und als Ausländerin zu integrieren, denn zwischen der Schweiz und Dänemark gibt es Kulturunterschiede … Es war eine riesige Herausforderung, verbunden mit grösstem Einsatz.»

Seit März 2006 führt Mirjam ihr eigenes Tomatis-Institut. Und ist Besitzerin einer permanenten Aufenthaltsbewilligung. «Ich arbeite heute in meinem Traumberuf. In meinem Traumland. Aber wie jeder Traum ist nicht alles nur heile Welt. Alltag ist überall.» Sie arbeitet nach wie vor sehr viel. Zeit für Hobbys bleibt wenig. Seit sieben Jahren lebt sie in einer festen Beziehung. «Mein Freund ist ruhig und liebt das Zuhause. Mein Alltag ist geordnet, einfach. Anders als früher. Dynamik findet im Innern statt. Ich bin bescheiden. Und weiss um die Bedeutung, Menschen zu begleiten.»

Und die Geige? «Sie ist und bleibt ein Teil von mir, auch wenn sie zurzeit nur selten gespielt wird. Ich brauche sie, muss wissen, dass sie da ist. Ich nehme sie hervor, wenn ich Lust habe. Und nur dann. Verkaufen will und kann ich sie nicht. Ihr Klang und ihre Schwingungen gehören – auch im Koffer – zu meinem Leben.»

Das Swissair-Grounding hat sie aus der Ferne wahrgenommen. Etwas traurig hat sie die Geschichte schon gemacht. Ihre Sorge jedoch galt vor allem ihren ehemaligen Arbeitskolleginnen und -kollegen. Doch es ist ja schon eine Weile her. «Ich bin froh, dass es heute Swiss gibt und dass es ihr gut geht. Die Leute machen – wie wir damals bei Swissair – einen guten Job.» Was leicht distanziert klingt, wird aufgehoben, wenn sie sagt: «Wenn ich in ein Flugzeug steige, komme ich einfach immer noch ‹nach Hause›, auch nach zehn Jahren.» – Und: «Wenn ich durch die Kabine gehe, packt mich das Feeling wieder und ich könnte sofort aktiv werden …» ◄

GIULIANO MORET
KRISE ALS CHANCE

Am Morgen des 1. Januar 2004 landete er zum letzten Mal als Kapitän eines Swiss-Flugzeuges auf dem Flughafen in Kloten. Am selben Abend begann er mit seiner neuen Arbeit im Cockpit von Etihad Airways, der Fluggesellschaft von Abu Dhabi, der Hauptstadt der Vereinigten Arabischen Emirate. Seither beflügelt die Goldgräberstimmung am Golf den «alten Swissairhasen», der nach dem Grounding bei Swiss weiterfliegen konnte und nicht zwangspensioniert wurde, weil er am 1. April 2002 noch nicht 52 Jahre alt war. Dass man ihm nach dem Grounding Bargeld in die Hand drückte, um Kerosin und Gebühren bar zu bezahlen, wird er nie vergessen. Von Sparen habe man gesprochen. Und von weiteren Kündigungen. Deshalb hat er sich später selber frühzeitig pensionieren lassen und begann in Freiheit sein neues

Leben am Golf. 1977 kam er zur Swissair und war sich sicher, bei dieser Firma pensioniert zu werden. Die Umstände wurden schwieriger als er sich je vorstellen konnte. Doch Giuliano Moret nutzte die Krise als Chance. Seine Familie besucht ihn regelmässig in Abu Dhabi. Er ist glücklich. Dass er trotz Distanz und Einsatzplänen die Aufgabe als Feuerwachmann im Zürcher Opernhaus und im Schauspielhaus noch immer wahrnimmt, zeugt von seiner Begeisterung für Musik und Theater. ❮

CAROLINE LEDERMANN
«UNSERE FLIEGER FALLEN NICHT VOM HIMMEL.»

Flight Attendant Caroline Ledermann wäre mit ihrem Jürg bis ans Ende der Welt gezogen, hätte er seine Stelle als Pilot in der Schweiz verloren. «Überallhin», sagt sie und doppelt nach: «Für Jürg war der Zusammenbruch der Swissair sehr schlimm. Das Grounding – für ihn ist eine Welt zusammengebrochen. Pilot war, ist und wird immer seine Berufung sein. Nicht des Geldes oder des Status wegen. Er fliegt aus Leidenschaft. Und hat dafür alles gegeben. Man muss sich das vorstellen: alles gegeben für Beruf, Firma – und plötzlich sah es so aus, als stünde er vor dem Nichts. Als Familienvater und damit Ernährer, wie man so schön sagt. Vor Jahren sein Studium abgebrochen, um Pilot zu werden, hätte er ja gar nichts anderes tun können. Über Jahre schien es, als ob Alltag und Zukunft gesichert wären: Und in jenem Monat – sagen wir zwischen dem 11. September und dem 11. Oktober 2001 – wurde alles gegroundet. Unvorstellbar war das, auch heute noch, wenn ich darüber nachdenke.»

Es habe schon eine Weile gedauert, bis sie sich wieder zurechtgefunden – neu positioniert hätten. Die Frage, ob das Leben an einem anderen Ort weitergehen würde, war allzeit präsent. Singapur, Dubai – ja sogar Australien waren im Gespräch. Doch Jürg konnte weiterfliegen. Die Lohnkürzungen waren kein Thema. «Er konnte fliegen – wir konnten leben. Überleben. Es ging weiter.»

Caroline war damals in einem elfmonatigen Schwangerschaftsurlaub. Am 2. April 2001 wurde Severin geboren. Dadurch hat sie manches, was im Sommer 2001 bei der Swissair und in der Welt passierte, aus Distanz erlebt. Aber an den 11. September erinnert sie sich genau. «Ich war mit Severin in der Mütterberatung. Er hatte schlecht gegessen, und ich ging dorthin, um über dieses Problem zu sprechen. Auf dem Heimweg im Auto hörte ich, was in New York passierte. Ich dachte, dass ich spinne oder irgendwas nicht richtig verstanden hätte. Als ich nach Hause kam, sass Jürg vor dem Fernseher und sagte mit fast lautloser Stimme: ‹Komm!› Da sassen wir beide auf dem Sofa und trauten unseren Ohren und Augen nicht. Ich fragte mich, was ich denn für Probleme mit Severin hätte, weil er schlecht esse. Denn, so schien es mir, an diesem Tag war die ganze Welt ‹verrutscht›.»

Sie sei – wie alle Fliegenden – oft in New York gewesen. Habe auf Bänken gelegen, gelesen und nach oben geschaut. Die zwei Türme des World Trade Centers gesehen! An jenem Abend habe sie gehofft, dass es niemanden getroffen habe, den sie kenne. Caroline ist nach wie vor der festen Überzeugung, dass an jenem Tag eine neue Zeitrechnung begann.

Die Schlagzeilen über die Swissair verdichteten sich: Gerüchte, dass es der Firma schlecht gehe. Immer schlechter. Aber an ein Grounding habe keiner gedacht. So etwas sei nicht denkbar gewesen. In der zweiten Septemberhälfte seien sie nach Mallorca in die Ferien geflogen. Jürg habe sie gefragt, ob man das Geld – ihr Geld, den Lohn der letzten Arbeitsjahre – von

der Depositenbank abheben solle. Aber sie habe verneint, weil das gar kein Thema gewesen sei. Bereits vor ihrer Rückreise in die Schweiz hätten sie dann jedoch beide gewusst, dass sich die Situation zuspitze. Später habe Jürg versucht, Geld abzuheben. Zuerst im OPS, dann im Balsberg. Riesige Kolonnen vor der Depositenbank erforderten stundenlanges Warten. Jürg habe sie angerufen und gesagt: «Caroline, jetzt ist es gar nicht mehr gut.» Fast drei Jahreslöhne waren auf der Depositenbank. Die Sorge um dieses Geld hat belastet. Die Sorgen um den Job, die Zukunft und um die Existenz bestimmten Tag und Nacht. «Ich war traurig und wusste zugleich, dass es noch viel schlimmere Situationen gab.» Das Geld von der Depositenbank wurde nach wenigen Tagen freigegeben. Wie viele andere auch gingen die Ledermanns später demonstrieren, Caroline mit dem sechs Monate alten Severin im Buggy.

«Fast drei Jahreslöhne waren auf der Depositenbank. Die Sorge um dieses Geld hat belastet.»

Der Mutterschaftsurlaub ging zu Ende. Caroline konnte weiterfliegen, wusste jedoch, dass sie noch eine Ausbildung machen wollte. Im Februar 2002 begann sie eine einjährige Handelsschule. Ende März 2002 flog sie – im traditionellen Swissair-Stil – ihren letzten Einsatz als Flight Attendant bei Swissair: Zürich–Chicago–Zürich. Der letzte Einsatz für die gesamte Besatzung in dieser Konstellation – ab April hiess die Firma Swiss. «Ein halbes Jahr nach dem Grounding waren die Facts klar: Alle waren froh, dass es weiterging, dass man Arbeit hatte, fliegen konnte und dass der Lohn, wenn auch zu neuen Bedingungen, überwiesen wurde. Für mich war zu jener Zeit der Abschied nicht mehr so schwer. Ich war Mutter, Hausfrau und Schülerin und in diesen Aufgaben genug gefordert.

Die Handelsschule hat sie im März 2003 abgeschlossen. Im Juni kam Tochter Nadine zur Welt. Und nach einem halben Jahr, es schien ihr alles eingespielt und vertraut, suchte Caroline eine neue Herausforderung. «Ich wollte, ja musste noch etwas anderes tun. Ich lebte über viele Jahre wie eine Vagabundin. Und plötzlich war ich nur noch zu Hause. Es war ruhig. Vielleicht zu ruhig. Eine Kollegin fragte mich, ob ich Lust hätte, Spielgruppenleiterin zu werden. Das war das Stichwort: Ich absolvierte diese Ausbildung und später die Weiterbildung zur Waldspielgruppenleiterin.»

Im Sommer 2004 wurde die Waldspielgruppe «Waldzwärgli» in Glattfelden gegründet, deren Leiterin sie seit der ersten Stunde ist. Zwölf Kinder zwischen drei und fünf Jahren kommen jeden Mittwoch- oder Donnerstagmorgen. «Wir singen, entfachen Feuer, spielen mit Tannzapfen, kochen über dem Feuer eine Suppe und dies während des ganzen Jahres, auch wenn es regnet. Es befriedigt mich sehr, diese Arbeit mit Kindern im Wald. Ich bin ein Naturmensch, und der Wald und die Kinder geben mir Kraft.»

Jürg hatte inzwischen mit der mehrmonatigen Ausbildung (Upgrading) zum Captain begonnen «Daran haben wir beim Grounding nicht mehr geglaubt. Wir freuen uns noch heute riesig darüber. Das Glück hat uns wieder: Wir sind unendlich dankbar.» Reisen und Fliegen gehören für Caroline zum Leben wie Kinder, Familie und Wald. Mit sich selber im Reinen sein, die kleinen Dinge im Leben geniessen zu können, zum Beispiel einen schönen Morgen mit Nebel, das ist ihr wichtig. «Wenn ich meine Kinder sehe, wie sie in ihren Bettchen schlafen, erfüllt mich dies mit Ruhe, Frieden und Dankbarkeit.»

Seit September 2007 macht Caroline eine Ausbildung als Sachbearbeiterin Personalwesen. Mit Familie, der Waldspielgruppe und der Weiterbildung ist ihr Alltag mehr als ausgefüllt. So will sie's haben, denn – irgendwann

später – sieht sie sich im Personalsektor, in der Personalberatung, -entwicklung oder -selektion. Mit Leuten zu arbeiten, macht ihr Spass. Und Kochen, das ist ihre Leidenschaft: seit Jahren. Pasta vor allem; italienisch. Tex-Mex. Asiatisch. Weil sie gerne scharf isst, bevorzugt sie die asiatische Küche. «Indisch, chinesisch, Thai! Das ist zwar immer ein Spagat zwischen meiner und der Küche der Kinder ...» Marktgerechtes Kochen ist ihr wichtig, damit die Kinder Gemüse essen, verschiedene Geschmacksrichtungen ausprobieren und die Aromen auf der Zunge und im Gaumen schmecken.

Caroline ist mit zwei jüngeren Schwestern in Bad Ragaz aufgewachsen. Der Vater war Konstrukteur. «Ein einfacher Arbeiter. Meine Mutter hat immer mitgewirkt, um uns eine wunderschöne Kindheit zu ermöglichen. Sie ist aus Malans und wäre gerne Hostess geworden. Aber das ging nicht. Deshalb hat sie ihren Wunsch wohl auf mich übertragen.»

Nach der Primarschule in Bad Ragaz und der Kantonsschule in Sargans hatte Caroline mit der Matura im Sack keine Ahnung, was sie machen wollte. Doch: nicht mehr in die Schule, sondern arbeiten. Im «Quellenhof» in Bad Ragaz hat sie ein halbes Jahr eine Stage absolviert, bevor sie für drei Monate nach Torquay in England ging, um Englisch zu lernen. Später wirkte sie während einer Saison wieder im Service, und zwar in Montreux. Und begann sich langsam zu überlegen, ob sie vielleicht doch für zwei oder drei Jahre fliegen möchte. «Mittlerweile war ich 20 und wusste immer noch nicht, was ich wollte. Nach Spanien ... doch ich liebäugelte zugleich mit der Swissair.»

Die Vorgesetzte in Montreux hat sie motiviert, den Schritt zu wagen. Im Januar 1989 machte sie die Prüfung. Wann sie beginnen könne, habe man am Ende der Selektion gefragt. Sie sei schlagfertig gewesen und habe geantwortet: «Morgen.» Morgen sei kein Kurs. Aber im Mai 1989 begann Caroline ihre Ausbildung als Flight Attendant.

«Das war genau das, was ich wollte! Bei Swissair war alles genauestens reglementiert, im Gegensatz zum Service. Der Lohn war zwar klein, etwa 2900 Franken pro Monat: Man musste einteilen. Aber das war kein Hindernis. Entweder etwas macht Spass oder eben nicht. Und Fliegen, das war mehr als Spass: Es war sensationell.»

Ihre Freundin Lucia, mit der sie seit dem Kindergarten bis zur Matura verbunden war, begann ebenfalls zu fliegen. Vier Jahre seien sie geflogen und hätten dann gespürt, dass das zwar lässig sei, die Herausforderung jedoch fehle. Sie parlierten über ein Studium, erkundigten sich nach Spezialeinsätzen und gingen später gemeinsam an die Uni. «Lucia für Jurisprudenz, ich für Psychologie. Sie hat abgeschlossen, ich habe nach zwei Jahren – nach dem Vordiplom – aufgehört, weil ich keinen 50-Prozent-Einsatz bekam. Immer übers Wochenende Nordatlantik zu fliegen, um dann am Montag wieder an die Uni zu gehen, das war auf die Dauer zu anstrengend. Und so ging ich in die Fliegerei zurück.»

Dann hat sie Jürg kennengelernt. Oft seien sie gemeinsam geflogen: am liebsten nach Südafrika wegen der Natur, der Vegetation, dem Meer, dem multikulturellen Essen und den Leuten. Heute vermisst sie das Fliegen nicht. Da Jürg noch dabei ist und sie ihn zwei- bis dreimal pro Jahr begleitet, kommt sie nach wie vor auf ihre Rechnung. Fliegen ist und bleibt ein Stück Freiheit. «Zigeunerleben und Abenteuer. Man lernt rund um den Globus Menschen kennen. Das ist schon ein sehr spezielles Gefühl, eines, das man in keinem anderen Job hat.» Caroline schwärmt von der Swissair-Familie, von den unendlich langen Nächten in Afrika, wo man bis in die frühen Morgenstunden zusammengesessen sei und parliert habe. «Nairobi, Accra, Kinshasa, Brazzaville … Man ging gemeinsam essen, und später erzählte man sich Geschichten aus dem Leben. Man hat sich einfach zugehört und war offen füreinander, ohne zu werten.»

«Der Absturz unserer SR111 vor Halifax, das war viel, sehr viel schlimmer als das Grounding.»

Stolz sei sie auf die Uniform gewesen. Stolz auch, in den schönsten Hotels der Welt logieren zu können. Sie habe sich wie eine Königin gefühlt. Das war die Fliegerei…

Einmal jedoch wurde sie in ihrem Beruf gewaltig erschüttert. Sie war mit Jürg im Wohnmobil unterwegs. In Amerika im Arches-Nationalpark. Als sie am 3. September 1998 ihre Mutter anrief und diese ihr sagte, dass eine MD-11 der Swissair vor Halifax abgestürzt sei, habe sie geantwortet: «Nein, das kann nicht sein. Unsere Flieger fallen nicht vom Himmel.» Im Ausnahmezustand seien Jürg und sie gewesen. Untröstlich. «Der Absturz unserer SR111 vor Halifax, das war viel, sehr viel schlimmer als das Grounding.»

Die Uniform habe sie nie zurückgegeben, es wollte sie niemand haben. Und beim Grounding-Film sei sie damit als Statistin dabei gewesen. «Mit der Handtasche und dem Foulard…», erzählt Caroline mit einem Lächeln, so, als ob sie gerade aufstehen und mit dem Service beginnen möchte. ◄

TONY GERIG
«ICH HABE IMMER GLÜCK IM LEBEN.»

Turbulente Zeiten waren es. Das Grounding und das Ende der Swissair. Verunsicherung. Angst. Empörung. Trauer. Und dann Abschied nehmen. Doch sie fliegen beide noch, Tony Gerig und seine Frau Caroline. Und sind glücklich dabei. Sehr. Und der dreijährige Sohn Sebastien erlebt, wie einst sein Vater, eine Kindheit rund ums Fliegen.

Auch Tony ist mit Reisen und Flugzeugen aufgewachsen. Hat seinen Vater oft begleitet. Dieser weihte ihn quasi in seinen künftigen Beruf ein. Und weil es ihm noch heute mächtig Eindruck macht, wie sein Vater – selber Flight Attendant – ihn damals während eines Fluges beschäftigen, beglücken und motivieren konnte, macht er es heute auch so. Ist er im Einsatz, geht er mit den jüngsten Passagieren um, wie er es selber mitbekommen hat: Er schenkt ihnen Aufgaben. Langweilt sich ein Kind, fordert er dieses auf, Schokolade zu verteilen, wenn es die Flugdisposition erlaubt. «Das lieben Kinder. Die Flugzeit verkürzt sich und der ‹Spezial-einsatz› bleibt ein unvergessliches Erlebnis.» Wenn's einer weiss, dann ist es Tony, denn genau das durfte er auch tun, wenn er mit seinem Vater auf Rotationen war.

Fliegen, damit ist er aufgewachsen. Flieger gehören zu seinem Leben wie für andere Menschen ein Auto. Kein Wunder, sieht er von seinem Balkon aus eine Convair 990A Coronado der Swissair. Fast zum Berühren nahe. Nein, er wohnt nicht auf dem Tarmac des Wüsten-flughafens Marana in Arizona, wo ausgediente Flugzeuge auf Abnehmer warten, sondern einen Steinwurf vom Verkehrshaus Luzern entfernt.

«Die Welt gehört mir. Die Menschen sind mir gut gesinnt. Und Schicksalsschläge haben sich stets positiv entwickelt.»

Fliegen bedeutet für Tony Lifestyle. Way of life. «Ich spreche über Bangkok, New York und Hongkong wie andere über Zürich, Bern und Basel. Die Welt gehört mir. Die Menschen sind mir gut gesinnt. Und Schicksalsschläge haben sich stets positiv entwickelt.» Die vergangenen zwei Jahre als Maître de Cabine auf Kurzstrecken beurteilt er zwar als hart und das neue Flugreglement als streng. «2008 war ich wohl deswegen vermehrt krank. Während der letzten paar Jahre hat sich viel geändert. Und unser Beruf ist mehr zu einem Job geworden. Es gibt viele Einsätze, die rauben Kraft und Gesundheit. Zudem haben wir weniger frei und mehr Blockstunden. Man spricht gerne von ‹den guten alten Zeiten› bei Swissair, als alles anders war. Für mich war Swissair ein Teil meines Lebens, und ich war sehr stolz, diese Uniform zu tragen. Aber nach dem Grounding habe ich mich geschämt. Die Schweiz musste ‹uns› retten.

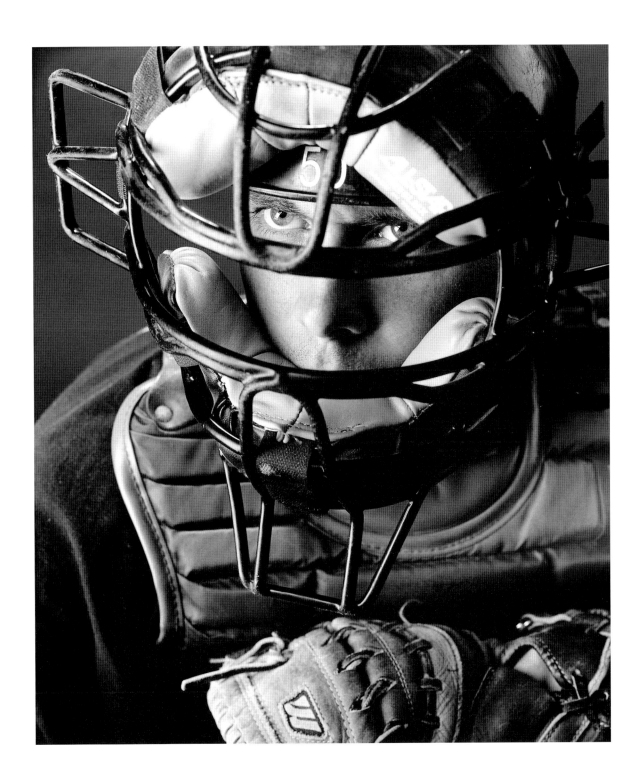

Darum trug ich lange Zeit immer einen Mantel über der Uniform …» Heute jedoch ist für ihn klar: «Sind die Flugzeugtüren einmal zu, sind wir immer noch Swissair. Oder was heisst denn Swiss anderes als: ‹So What, It's Still Swissair!›»

Es gab eine Zeit, da hat Tony versucht, mit Fliegen aufzuhören, etwas anderes zu tun, am Boden zu arbeiten. Doch das war, ist und wird eine Illusion bleiben. Heute weiss er, was er will. Fliegen. Glück nennt er es, dass er nach beruflichen «Seitensprüngen» zurückdurfte. Am 20. Oktober 2000 hat er sich selber im Zug von Zürich nach Oerlikon einen Brief geschrieben, den er noch heute manchmal hervornimmt und liest: «What I feel right now, after learning, that I can go back as a Flight Attendant to Swissair is relief and joy. This is, what I want to do. I could and can do more – cause I'm smart but I long to live my life and that is my motivation. Live your life you only have one. If I find myself looking for a challenge, I will look for one myself. I'm very happy right now. Remember this moment.» Den Traum vom Fliegen leben. Und wissen, dieser Traum ist gut.

Tony Gerig ist in Vancouver und Hawaii aufgewachsen. Zu verdanken hat er dies seinem Vater, der 1960 in Paris Kellner war und von einem Kanadier motiviert wurde, Steward bei der CP Air, der Canadian Pacifik Airlines zu werden. Also ging der Vater zum Vorstellungsgespräch nach Amsterdam und besuchte nach bestandener Prüfung den Ausbildungskurs in Montreal. Dann war er in Vancouver stationiert, wo er seine künftige Frau und Tonys Mutter, eine Schweizerin aus dem solothurnischen Horriwil, kennenlernte und später heiratete.

Geboren wurde Tony am 18. Oktober 1968. Caroline, Tonys Schwester, ist zwei Jahre älter. Bis zur 4. Klasse ist er in Vancouver aufgewachsen. «Eine wunderschöne Stadt», erinnert er sich. Dort habe er geangelt, Frösche gefangen und Beeren gepflückt. Zu 90 Prozent habe man zu Hause Englisch gesprochen. Aber: «Geflucht haben wir auf Deutsch.» Die Ferien verbrachte er jeweils in der Schweiz, und zwar in Horriwil bei den Grosseltern. «Ich habe Deutsch verstanden, jedoch nur Englisch gesprochen.»

«Dort, beim Sport, wurde ich ein Mann. Habe gelernt einzustecken, ohne zu motzen. Und erwarb die Fähigkeit, zu mir selber zu schauen.»

Als er in die 4. Klasse ging, wurde sein Vater nach Hawaii versetzt und die ganze Familie ging mit. «Eine Uniform gab's dort in den Privatschulen. Und – im Sommer bin ich immer barfuss gegangen.» Tony schwärmt von Blumen und Düften und von extrem netten Menschen, die mit ihrem Lächeln den kleinen Jungen nachhaltig verzauberten. «Mein Vater hat mich oft mitgenommen, nach Fiji oder Sidney. Irgendwie wusste ich bereits damals, dass ich fliegen will – wie mein Vater.»

1981 trennten sich die Eltern. Die Schwester blieb bei der Mutter in Hawaii, und weil Tony nicht wollte, dass sein Vater allein war, ging er mit ihm zurück nach Vancouver. Das war nicht leicht. Aber heute sieht er es auch als Glück. «Ich musste Französisch lernen. Das war ein Pflichtfach. Und – ohne Französisch wäre ich nie zur Swissair gekommen.»

Weil der Vater beruflich oft abwesend war – und Tony somit alleine –, wurde er früh selbstständig. Flog in der Welt herum. Später, als er in der High School war, schickte ihn sein Vater in die Schweiz, damit er in einer Pizzeria arbeite und erste Erfahrungen für ein künftiges Berufsleben sammle. «Hinter dem Buffet im ‹Al Golfo› – im zürcherischen Niederdorf – verbrachte ich meine Ferien. Ich war erst 16, hatte dort ein Zimmer und war frei. Ich habe es sehr genossen, als Erwachsener behandelt zu werden. Der Besitzer der Pizzeria war mit mir zufrieden und arrangierte, dass ich im Hotel Splügenschloss in Zürich eine Schnupperlehre absolvieren konnte. Die Arbeit faszinierte mich, und im April 1986 begann ich dort mit der Lehre als Koch.»

In jener Zeit begann Tony mit Baseball. Als Ausgleich zur Arbeit. «Dort, beim Sport, wurde ich ein Mann. Habe gelernt einzustecken, ohne zu motzen. Und erwarb die Fähigkeit, zu mir selber zu schauen. Wohnte alleine. Und habe auch alles selber entschieden.»

Im Personalzimmer hatte es nur kaltes und warmes Wasser. Aber das spielte überhaupt keine Rolle. Wichtig war die Freiheit, die Kollegen und die Pubs, die er in der Freizeit besuchte – und sein Training. «Ich habe so viel wie möglich trainiert. Bekam dafür sogar frei. Sport hat enorm gutgetan und war mir in jeder Hinsicht eine Stütze. Ich habe immer alles gegeben. Immer. Und ich gebe nie auf. Das ist mein Lebensgrundsatz.»

1989, nach der Kochlehre, ging's zuerst als Panzergrenadier in die Rekrutenschule nach Thun. Erst nachher konnte er sich bei Swissair bewerben. «Meine Französischkenntnisse waren trotz allem noch ungenügend, und deshalb ging ich eine Saison nach Murten. Beim zweiten Anlauf hat's geklappt. Ich habe immer Glück im Leben!»

Am 20. April 1990 begann er den Grundkurs. Und als er einen Monat später fliegen konnte, war er zutiefst glücklich: «Ich war im Paradies. Die Fliegerei, so hatte ich das Gefühl, die gehört zu mir. Da bin ich zu Hause. Und ich wäre am liebsten 30 Tage geflogen, anstatt einen frei zu haben.» Mit der unregelmässigen Arbeit wurde es schwieriger, regelmässig Sport zu treiben. Tony suchte einen neuen Baseball-Verein und fand ihn im «Embrach Rainbows». Dort war er Catcher in der 1. Liga bis zur Nati B und Nati A.

Rückblickend war es nicht die beste Zeit. «Leidensweg» nennt Tony die acht Jahre mit herzzerschmetternden Niederlagen wegen Fehlentscheidungen, Verletzungen und zu schwachen Leistungen. Dafür ging es beim Fliegen rund. Und auch privat kam einiges ins Rollen.

Als er ihren Namen, Caroline Wili, auf dem Einsatzplan sah, dachte er, dass es seinem Vater gefallen würde, sollte er eines Tages eine Frau heiraten, die den gleichen Vornamen wie seine Schwester und den gleichen Nachnamen wie sein Vater trägt. Das war mehr spassig als ernst gemeint: Doch Schicksal, Zeit und Liebe spielten mit. Auf dem zweiten gemeinsamen Flug nach Los Angeles hat's gefunkt. Ein Jahr später verlobten sie sich in San Francisco, und im Juli 1996 heirateten die beiden im Eigenthal. Ein fliegendes Traumpaar, dem im Juni 2005 Sebastien geschenkt wurde. Ein Wunschkind. Caroline fliegt 60 Prozent. Und Tonys Mutter, die im gleichen Haus wohnt, schaut bei Bedarf zu ihrem Grosskind, spricht Englisch mit ihm, wie das auch Tony tut. Alles hat sich zum Guten gewendet. Sie fliege gerne, seine Caroline. Geniesse einen Night-Stop in Rom. Profitiere vom Hotel-Leben, dem Room-Service und der Zeit, die sie für sich alleine habe.

Heute sind die beiden glücklich. Doch es gab Zeiten, da waren sie sehr gefordert. Wie Tony vom Grounding spricht, kommen ihm die Tränen. «Ich war in New York. Und dachte nur eines: Nein, das ist nicht möglich. Am 3. Oktober 2001 bin ich in Kloten aus dem Flugzeug gestiegen. Sechs ‹Dead-Head-Besatzungen›, das heisst Cabin Crews, die als Passagiere mitfliegen, waren auf dem Flug von New York nach Zürich. Alle todtraurig. Das Ende unserer Firma. So schnell. So klar. Und ich dachte: Nein, nicht so, wenn ich aufhören muss, will ich noch einen letzten Flug. Und ich bekam ihn. Und noch einen. Und noch einen … Ich hätte nie mehr Koch sein wollen, überlegte im Schock, ob ich als Croupier im Casino arbeiten soll. Was hätte ich denn tun sollen? Aber dann ist es ja besser gekommen, als anfänglich befürchtet. Caroline hat es anders erlebt als ich. Sie ist noch bei Balair geflogen. Und diese Flieger gingen am Tag des Groundings in die Luft. Sie hat mir erzählt, dass sie auf den Boden geschaut habe, als sie durch das Operation Center (OPS) lief, wo alle verzweifelt und weinend versammelt waren … und ist nach Malé auf den Malediven geflogen.»

Zur Balair hat sie gewechselt, weil die Destinationen schöner und länger waren. Auch Tony flog für drei Jahre mit der Schweizer Ferienlinie, hat für diese sogar am Boden gearbeitet. Aber im März 2001 kam er zur Swissair zurück. Caroline flog weiter mit Balair. Heute sind beide bei Swiss. Haben die stürmischen Zeiten verwunden. Die Welt gehört ihnen. Und ihrem Sebastien. Und wenn mal alle drei zu Hause sind, genügt ein Blick durchs Fenster. Dorthin, wo die alte Coronado der Swissair steht und von Einsätzen erzählt, als Fliegen noch lauter, langsamer und dafür voller Abenteuer war. ❮

RÖBI MEIER
«ALLES HAT ZWEI SEITEN.»

Zu 100 Prozent fliegen, das sei ihm heute zu
viel. Das habe er ab 1977 bis zum Grounding
gemacht: Flight Attendant, Purser, Maître de
Cabine. «Heute sind die Einsätze anstrengen-
der, die Auslandsaufenthalte auf ein Minimum
reduziert und darüber hinaus gibt es weniger
freie Tage. Dass er noch einige Jahre arbeiten
muss, ist ihm bewusst, denn jenen Fliegenden,
die zu Swiss wechselten, wurden die Pensions-
kassengelder halbiert. Der Überbrückungsfonds
floss in die Konkursmasse. Auf der Abrechnung
der Pensionskasse konnte man plötzlich 27 806
statt 58 600 Franken pro Jahr lesen. «Ich fliege
50 Prozent, und zwar als Flight Attendant.»
Daneben arbeitet er als Bauleiter. «Vor rund
zehn Jahren absolvierte ich diese Zweitausbil-
dung.» Zwischen all seinem Tun pflegt er seine
Party-Band mit dem Namen «Doktor Föön».

Für rund 20 Auftritte pro Jahr wird das Quartett angefragt, spielt Jazz, Blues, Rock, Latin,
Afro, Reggae, Mundart. Skandalös und mafiös findet er nach wie vor die Einkaufstour von
Philippe Bruggisser. «So wäre keiner von uns mit Geld umgegangen. Das hat man gewusst,
dass das nicht gut kommt. Sabena. Air Littoral ... Doch alles hat zwei Seiten: Wenn auf dem
Bau nichts läuft, ich keine Musik-Engagements habe und nicht fliege, geniesse ich dank Teil-
pensum mehr Freizeit.» ‹

PALLAVI CHANDA SAXENA
«HEUTE BIN ICH SEHR GLÜCKLICH.»

Bei ihrer Ankunft am Indira Gandhi International Airport in Delhi trägt sie Jeans und ein T-Shirt mit indischen Handarbeiten verziert: In ihrem kleinen Gepäck jedoch liegt exakt zusammengefaltet einer ihrer schönsten Saris, den sie für die vorgesehenen Fotoaufnahmen tragen will. Ihr Lächeln verzaubert wie vor Jahren, als sie als Flight Attendant für Swissair und später für Swiss geflogen ist.

Zwei Stunden dauerte der Flug mit Jet Airways von Hyderabad, der 6-Millionen-Hauptstadt des indischen Bundesstaats Andrah Pradesh. Es ist ein herzliches Wiedersehen, als hätte man sich vor Wochen zum letzten Mal gesehen. Doch es sind rund fünf Jahre her, seit Pallavi Chanda Saxena, gemeinsam mit anderen indischen Flight Attendants, die Swiss verlassen musste und zurück in ihre Heimat ging. Damals war das schwierig für sie, und sie konnte das, was passiert war, kaum glauben. Doch die Zeit hat für sie gearbeitet. In der Zwischenzeit ist sie verheiratet, hat einen vierjährigen Sohn, arbeitet bei Jet Airways und ist rundum glücklich.

Später, im Hotel erzählt sie von ihrem heutigen Leben. Und davon, wie sie das alles erlebt hat, als die Swissair gegroundet wurde. Zwischendurch geniesst sie ihre Hühnerbrust mit Barbecue-Sauce, «nicht so typisch indisch», bemerkt sie nebenbei und schwärmt gleichzeitig von Winzerrösti, einem Schweizer Gericht mit Speck, von Fondue und Schweizer Schokolade.

Flight Attendant, das sei ihr Traumberuf gewesen. Als sie das Inserat entdeckte und las, dass Swissair indische Flugbegleiterinnen suche, zögerte sie keine Minute, sich zu bewerben. Und als ihr nach der Rekrutierung mitgeteilt worden sei, dass sie angenommen werde, habe sie dies mit ein bisschen Stolz zur Kenntnis genommen. Ihr damaliger Freund und heutiger Mann, Rahul, den sie an der Universität in Hyderabad kennengelernt hatte, ermutigte sie sogar, diesen Schritt zu tun. Und, so sagt sie: «Er war darüber noch mehr begeistert als ich selber. Wir waren beide sehr glücklich. Und da ich in Mumbai stationiert war, sahen wir uns immer wieder. Es war also keine Trennung für Jahre…»

Sie war gerade mal 20 Jahre jung. Sprach sehr gut Englisch und wollte die Welt kennenlernen. Am 4. Dezember 1997 flog sie ihren ersten Einsatz: Zürich–Mumbai. Ihr Traum hatte sich erfüllt. Sie bekam einen Fünfjahresvertrag bei Swissair. Und so lernte sie die Airline, viele Menschen, die Schweiz und deren Vielfalt kennen. Es war das erste Mal, dass sie im Ausland für eine Firma arbeitete. Das internationale Umfeld, die Zusammenarbeit mit der Crew – auch mit japanischen und thailändischen Flight Attendants, das habe ihr sehr gefallen und sie auch geprägt. «Ich meine, dass ich durch diese Aufgabe jeden Moment mehr über das Leben, die Menschen und deren verschiedene Kulturen gelernt habe. Meine Welt-

anschauung, mit anderen Worten mein Horizont, hat sich geweitet. Mein Verständnis für die Andersartigkeit wurde geformt.»

Während ihrer Ausbildungszeit wohnte sie im «Novotel» in Kloten und fand genügend Zeit, Zürich zu erkunden. Und dann erzählt sie über ihre Liebe zur Schweiz: «Später bin ich viel gereist. Habe die Freitage genutzt, um mit der Bahn herumzufahren. Besuchte Orte wie Luzern, Genf, Basel, Nyon und Lugano, war in Engelberg und auf dem Titlis, in Zermatt und auf dem Gornergrat. Diese Zeit werde ich nie vergessen. Sie war in jeder Beziehung einzigartig.» Ihre Arbeit bei der Airline ermöglichte ihr, auch Städte Europas kennenzulernen: So flog sie nach Paris, Rom, London, Amsterdam und Venedig.

Nie sei sie sich als Fremde vorgekommen, sondern immer integriert und angenommen. Ein wunderbares Gefühl sei das gewesen, in einer derart anderen Welt mit Menschen zusammenzuarbeiten.

Über die Swissair sagt Palavi nur Gutes. Man habe sich sehr um die Mitarbeitenden gekümmert. Nie sei sie sich als Fremde vorgekommen, sondern immer integriert und angenommen. Ein wunderbares Gefühl sei das gewesen, in einer derart anderen Welt mit Menschen zusammenzuarbeiten. Doch nach dem 11. September 2001 sei alles schwieriger geworden. Airlines hätten Probleme gehabt. Sie habe gewusst, dass es auch für Swissair eng geworden sei. Alle hätten es gewusst. Doch einmal ausgesprochen, sei das natürlich ganz anders gewesen als alles, was man sich habe vorstellen können. In Mumbai habe das Management informiert. Schwarz auf weiss sei da ersichtlich gewesen, dass die Swissair am Ende sei. Ein riesiger Schock. Nicht nur für sie selber, sondern auch für ihren Freund, ihre Eltern und Freunde. Das habe niemand begriffen. Sei nicht nachvollziehbar gewesen. Die beste Airline der Welt, die Schweizer Airline …

Die Swiss holte Palavi zurück. Die Kündigung wurde aufgehoben. Es gab einen neuen Fünfjahresvertrag, mit einer Probezeit von sechs Monaten. Diese wurde später auf acht Monate verlängert. Und dann, im Sommer 2003, als der neuen Firma das Geld auszugehen drohte, erhielt sie zum zweiten Mal die Kündigung. Und mit ihr rund 25 andere Flight Attendants aus Mumbai und etwa 15 aus Delhi. «Da war ich wirklich sehr enttäuscht. Und alle anderen auch. Die Schweizer Crew-Mitglieder waren unglaublich liebenswert zu uns. Haben uns sämtliche Wünsche erfüllt. Sie haben viel über Indien, wir haben viel über die Schweiz gelernt. Zudem durfte ich noch Flüge eingeben, sodass ich ein letztes Mal gemeinsam mit Freundinnen fliegen konnte. Diese ‹Abschiedsflüge› waren schön, berührend und auch sehr traurig. Die Schweiz, das war meine zweite Heimat. Viele Menschen wurden zu meinen Freunden. Lugano war mein Lieblingsort. Ich bin, wann immer ich konnte, dorthin gefahren. Ein wunderschöner Ort: der See, die südliche Atmosphäre und die dazugehörende Lebensfreude … Das Ende meiner Arbeit bei Swiss bedeutete Abschied zu nehmen von all dem, was mir über Jahre ans Herz gewachsen war.» Ihre Uniform musste sie in Mumbai abgeben. Doch hätte sie diese lieber behalten wollen. «Sie war ein Teil von mir, von meiner Identität. Ohne sie fehlte mir etwas ... Aber so war es halt.»

Palavi, die bereits an der Universität von Hyderabad Reise- und Hotel-Management studiert hatte, bildete sich in Aviatik und Tourismus weiter. Seit rund zwei Jahren arbeitet sie nun am Flughafen von Hyderabad bei Jet Airways, der grössten privaten Fluggesellschaft Indiens als Executive für Passenger Relations (Verantwortliche für Passagier-Beziehungen). Sie leitet ein Team von 19 Mitarbeitenden. Und – sie hat geheiratet. Ist Mutter ihres vierjährigen Sohnes Krish, der, wenn sie nicht zu Hause ist, von seiner Grossmutter betreut wird.

«Wir wohnen in einem Penthouse im Zentrum von Hyderabad an einer belebten Strasse mit vielen Einkaufszentren, Kinos und Restaurants, rund 40 Kilometer vom Flughafen entfernt. Wenn ich Frühdienst habe, muss ich um 03.30 Uhr aus dem Haus. Mein Mann arbeitet bei Vodaphone. Unser Alltag ist ausgefüllt. Manchmal haben wir zu viele Termine. Und wenn wir streiten, streiten wir darüber, dass wir nicht genug Zeit füreinander haben. Aber der Sonntag gehört der Familie. Da wir mit den Schwiegereltern und der jüngsten Schwester meines Mannes zusammenwohnen, sind wir nahezu eine Grossfamilie. Ich habe zwar an der Universität Hotelfach-Management studiert. Aber kochen kann ich nicht. Dafür ist meine Schwiegermutter eine brillante Köchin. Sie zaubert alles auf den Teller, was die internationale Küche hergibt. Und sie macht es hervorragend.» Pallavi schwärmt von indischen Gewürzen, von deren Farben und Düften, von der indischen Küche überhaupt: «Ja, sehr oft scharf, viel Curry und Lamm- oder Hühnerfleisch.»

Sie erzählt vom indischen Leben, von ihren Kleidern, den Saris, der traditionellen Kleidung der indischen Frau, und den Salwar Kameez, den Alltagskleidern, bestehend aus einer engen Hose und einer nahezu knielangen Bluse: «Ich habe rund 20 Saris in meinem Kasten. Viele davon in verschiedenen Blautönen. Und rund 50 Salwar Kameez in allen Farben. So viele braucht es, denn in Hyderabad kann es sehr heiss, bis 45 Grad Celsius werden.» Zur Arbeit trage sie einen Sari. Das sei so üblich im Management: quasi der Dresscode. Mitarbeitende ohne Managementverträge würden sich auch westlich kleiden. Jeans und T-Shirts. Persönlich findet sie den Sari für die Alltagsarbeit nicht unbedingt komfortabel: «Wenn man zum Flugzeug geht, hin- und herrennen muss, ist der bodenlange Sari nicht bequem. Man muss aufpassen, sorgfältig gehen.»

Pallavi ist gemeinsam mit einer älteren Schwester aufgewachsen. Diese sei eine hervorragende Schülerin gewesen. Und habe sich in der Freizeit dem klassischen indischen Tanz gewidmet. Pallavi hat sie bewundert und wollte auch tanzen. Und so genoss sie bereits mit fünf Jahren regelmässigen Unterricht. «Mein Grossvater war Musiker für klassische indische Musik. Er spielte die Krishna-Flöte und meine Schwester tanzte. Im Haus gab es auch die Tabla, die indische Trommel – man nennt sie auch ‹Königin der Perkussionsinstrumente› – und ein Harmonium. Ich lernte tanzen. Spezialisierte mich auf den Kathak-Tanz, einen klassischen indischen Tanz, der aus der Stadt Lucknow im indischen Bundesstaat Uttar Pradesh kommt und dort eine sehr lange Tradition hat. Die meisten Lieder, zu denen getanzt wird,

greifen Themen aus dem Leben Vishnus und Krishnas auf. Mit der islamischen Eroberung Nordindiens wurden Kathak-Tänze auch an den Höfen der Sultane vorgeführt. So veränderte sich die Musik während vieler Jahre und ist – zusammen mit dem Tanz – Bestandteil einer wichtigen Hindu-Moslem-Kultur. Geradlinige Schritte, gleitende Bewegungen, rasche Pirouetten, wechselndes Tempo und rhythmische Muster prägen die Schönheit und Virtuosität dieses Tanzes. Dazu kommt die Fokussierung auf Finger und Füsse sowie auf die Mimik.»

Pallavi tanzte und erntete Erfolg. Gewann bei einem nationalen Wettbewerb indischer Kathak-Tänzerinnen eine Goldmedaille und wurde zu einer der besten Tänzerinnen Indiens, die ihr Land in Europa und Nordamerika tanzend repräsentieren durfte. «Das bedeutete viele Reisen und die Möglichkeit, die Welt kennenzulernen.» Jemand habe ihr empfohlen, eine Tanzschule zu eröffnen. Das jedoch habe sie nicht gewollt. Fliegen, das war ihr Traum.

Diesen hat sie als Flight Attendant gelebt, bis sie die Kündigung erhielt. Jetzt arbeitet sie wieder bei einer Airline. Könnte wieder viel reisen. Kann davon aber weniger profitieren, denn sie hat eine Familie und einen anstrengenden Beruf. Auch für ihren so geliebten Tanz hat sie weniger Zeit als früher. «Damals tanzte ich jeden Tag mindestens drei Stunden. Das war nötig, um die perfekte Leistung auf der Bühne zu bringen. Heute tanze ich nur noch zu Hause. Vielleicht einmal pro Woche, vielleicht.»

Wir sitzen noch immer im Hotel-Restaurant. Pallavi hat die Hühnerbrust längst gegessen, nippt am Wasserglas und erzählt von Hyderabad. Eine moderne Stadt, reich an kulturellen Sehenswürdigkeiten wie monumentalen Bauten, Tempeln, Moscheen und Kirchen. Die wichtigsten Sehenswürdigkeiten seien der Charminar und das Golkonda-Fort. Der islamische Bevölkerungsanteil sei mit rund 40 Prozent einer der höchsten in einer indischen Metropole. Muslime würden in der Regel Urdu, Hinduisten dagegen Telugu sprechen. «Telugu, das ist meine Muttersprache. Aber wir sprechen auch Hindi und Englisch. Meine Schwester ist mit einem Moslem verheiratet. Ob hinduistisch oder muslimisch, für uns spielt das keine grosse Rolle. Wir feiern die Feste gemeinsam. Ende Oktober zum Beispiel, manchmal ist es auch Anfang November – wir orientieren uns nach dem indischen Kalender, das heisst nach dem Mond-Kalender –, feiern wir das Licht-Fest. Überall leuchten Öllampen. In den Häusern, in den Gärten, auf den Strassen. Die Familien sitzen zusammen, und für uns, für meine Familie bedeutet dies, dass meine Schwiegermutter etwas Feines kocht: Mogul-Spezialitäten, traditionell südindische vegetarische Speisen oder Mutton Biryani, das wohl berühmteste Gericht von Hyderabad mit Lammfleisch, Reis, Ingwer, Knoblauch, Kardamom, Kümmel, grünem Chili, Zwiebeln, Korianderblättern, Zitronen und …» Sie kann also doch kochen. «Nein, ich weiss nur, was es dazu braucht. Das hat man gelernt. Aber was es braucht, damit das Gericht in seiner eigenen Art unverfälscht und einzigartig ist, das weiss nur meine Schwiegermutter. Und diese kocht es wie niemand sonst auf der Welt.»

Pallavi schaut auf die Uhr. «Soll ich den Sari jetzt anziehen … für die Fotos?» Leise verschwindet sie in der Hotellobby, um später in ihrem schönsten Sari zu posieren. Sie gefällt sich. Und sie weiss, dass sie gefällt. Neigt sich zur Seite, als ob sie bereit wäre zu tanzen. Hebt ihren Fuss. Hebt ihre Hand. Bewegt ihre Finger graziös und schenkt ihr Lächeln. Gekonnt hält sie später den Stoff ihres Saris fest und steigt ins Taxi, winkt mit Herzlichkeit und Eleganz. Sie ist einmal für Swissair geflogen, trägt die Schweiz im Herzen. Und – so sagte sie noch beim Abschied: «Immer wenn ich einen roten Pass sehe, spreche ich die Menschen an. Frage, woher aus der Schweiz sie kämen und wie das Wetter sei. Sie ist eben meine zweite Heimat, die Schweiz. Tief drinnen, im Herzen. Und wird es bleiben. Auch wenn ich heute sehr glücklich bin.»   ‹

YVES-LAURENT SAVARY
NARBEN BLEIBEN

Mit seinem Freund Steve, der in Atlanta wohnt, telefoniert er praktisch jeden Tag. Ein Seelenverwandter sei dieser. Heute fliegt Yves-Laurent als Freelancer. Wenig. Rund zehn Tage pro Jahr. Aber immerhin ist er noch im Business. Und kann reisen. Sonst arbeitet er bei Swissworld Cargo am Flughafen in Genf. Einmal während eines Einsatzes am Boden wurde er dort eingeteilt. Es hat ihm gefallen und so nutzte er die Chance für den Wechsel. Auslöser waren Knieprobleme. «Fünfmal wurde ich operiert. Und hatte immer noch Schmerzen.» 1983 hat er bei Swissair begonnen. Wie er davon erzählt, schwärmt er von der guten alten Zeit. «Wir haben die Welt gesehen, früher. Die langen Rotationen … Ja, eigentlich hatten wir bis zum Grounding ein gutes Leben.» Viel habe man sich erzählt während solcher Einsätze. Man

habe sich wie eine Familie gefühlt und sich gegenseitig vertraut. Dass er dies heute vermisst, erstaunt ihn nicht. «Es war einfach eine unglaublich gute Zeit, die nie wieder kommt.» Wie ein Blitzschlag habe ihn das Grounding getroffen. Ausser sich sei er gewesen. Und lange habe er gebraucht, um den Albtraum einigermassen zu verdauen. «Heute bin ich stolz, dass ich noch zu Swiss gehöre. Das Grounding ist vorbei. Aber die Narben werden immer bleiben.»

HEIDI BLESI
DAS WESENTLICHE PFLÜCKEN

«Meditation bedeutet nicht nur sitzen und schweigen: Sie ist – wenn man sie wirklich ernst nimmt – jeden Moment im Bewusstsein. Und ist somit eine Lebenshaltung. Achtsamkeit.»

Auch Fliegen war für Heidi Blesi eine Lebenshaltung und hat ihr mehr als nur die Welt geöffnet. 34 Jahre als Flight Attendant haben geprägt. Die Glarnerin zog aus, um die Welt kennenzulernen. Und hat dabei innere Welten entdeckt, wie es nur wenigen gelingt. Von der Vielfalt hat sie das Wesentliche gepflückt. Ist daran gereift. Heute, im Frühherbst ihres Lebens, schöpft sie aus dem reichen Erfahrungsschatz und bringt sich in einem neuen Umfeld – der Alten- und Krankenbetreuung sowie der Sterbebegleitung – so ein, wie sie durch die Jahre des Suchens und Findens gereift ist: Ihrem jeweiligen Gegenüber ist sie nicht nur eine kompetente Gesprächspartnerin, sondern auch eine zum Schweigen geformte Persönlichkeit.

Heidi Blesis Leben ist keine geradlinige Biografie. Auf der Wegstrecke von über drei Jahrzehnten Fliegerleben hat es immer auch Parallelstrassen gegeben. Viele. Diese schienen und scheinen oft stärker beleuchtet als die Hauptstrasse. Und führen sie auch heute noch täglich in neue Welten. Allerdings zu Fuss oder mit dem Auto, denn Heidi hat vor rund zwei Jahren mit der Fliegerei aufgehört: «Um in Freiheit und gesund, das heisst in gutem Allgemeinzustand, mit 55½ Jahren in die Frühpension zu gehen. Ich hatte viele Fragen. Und bekam keine klaren Antworten. Aber ich dachte, dass ich schon etwas finden würde, was richtig ist für mich.»

Das erste Jahr in der Frühpension ist sie denn auch viel gereist. Reisen, ihr Leben. Auch. Aber nicht nur. Danach hat sie über sechs Monate lang einen psychisch kranken Menschen gepflegt. Unreflektiert, völlig unprofessionell habe sie bei der Anfrage zugesagt, einen Fünf-Tage-Einsatz rund um die Uhr. Und hat sich dabei überfordert. Das Erlebnis öffnete ihr Augen und Sinne. Heidi verlangte nach langem Atem, hat pausiert und dabei die Essenz aus ihrem reichen Leben und den unvergleichlich grossen Erfahrungen gezogen.

Heute arbeitet sie zwischen fünf und zehn Tagen pro Monat im Pool «Visite» der Pro Senectute rund um den Zürichsee. Dabei bringt sie all das ein, was sie im Leben gelernt, erfahren und erlitten hat. Und profitiert daneben von genügend Zeit, um regelmässig auszufliegen und Freunde, verstreut in aller Welt, zu besuchen oder um in die Mongolei zu fliegen, wo sie sich im Aral Charity-Centre von Venerable Panchen Otrul Rinpoche, einem tibetischen Lama, nützlich macht. Die Armut dort sei grenzenlos, sagt sie. Man könne überall Hand anlegen. Belehrungen und Erfahrungen erhält Heidi jedoch selten im Kloster, sondern vom Lama, mitten in einem Satz oder wortlos, in unerwarteten Situationen. Mit anderen Worten: mitten im alltäglichen Leben.

Heidi Blesi ist in Glarus geboren und dort gemeinsam mit zwei jüngeren Geschwistern aufgewachsen. Was sie in der Kindheit besonders geprägt hat, schildert sie so: «In der vierten

Primarklasse ist Bruno gestorben. Der Beste, trotz seinem vielen Fehlen. Der Liebste und Sanfteste, trotz oder gerade wegen seiner unheilbaren Krankheit. Damals bin ich am Grab gestanden: Die Trauer war tief, unendlich, unfassbar.» Sie spürte die beschützende Hand ihres Vaters, aber auch ihre drängenden Fragen im Innern. Warum? Was passiert da eigentlich? «Die Kirche hat mir damals keine Antwort gegeben.» Und so wurden Fragen zu Samen auf ihrem weiteren Lebensweg: Sehnsucht nach Wissen und Verstehen über Sitten, Bräuche und Weltanschauungen anderer Völker. Und später ebenso über Heilkünste und transpersonale Psychologie.

Heidi wollte Hotelsekretärin werden. Nach der Schule ging sie in den Westschweizer Jura, um Französisch, später nach England, um Englisch zu lernen – und viel wichtiger, um zu reiten. Die kaufmännische Ausbildung wollte sie in Zürich absolvieren. Doch der Vater protestierte. Zürich, das war zu weit weg vom Glarnerland. Heidi gab nicht nach: dann halt Kinderkrankenschwester mit Ausbildung am Kinderspital in Zürich und nicht in Glarus. Mit zwei Vorhaben liebäugelte sie: Spezialisierung auf Neonatologie und Anästhesie, das heisst auf Frühgeburten- und Narkosenmedizin. Und dann nach Argentinien auswandern. Aus diesem Grund reiste sie nach der Lehre nach Barcelona, um Spanisch zu lernen.

1972 arbeitete sie im Kantonsspital Genf in der Abteilung der Frühgeborenen. Dann kam alles anders: «Meine Cousine Charlotte war es, die mich lockte und sagte, komm doch zur Swissair. Sie hat Charme, ich nicht, dachte ich, bewarb mich trotzdem und trat gemeinsam mit zwölf eingeschüchterten Mitbewerberinnen, die alle unbedingt zur Swissair wollten, zur Prüfung an. Ich war sicher, dass man mich nicht nehmen würde. Und – ich wollte ja eigentlich auch gar nicht. Nach den Tests und Prüfungen kam Herr Brenner, der damalige Psychologe der Selektion, hinter mir hergelaufen und sagte: ‹Sie als Glarnerin, was wollen sie – als introvertierte Berglerin – bei der Swissair?› Meine Antwort war schlagfertig: ‹Keine Regel ohne Ausnahme!› Dann lachten wir nur noch …»

Im Februar 1973 begann Heidi mit der Ausbildung. Zwei Jahre wollte sie fliegen. Und dann nach Argentinien. Nach drei Jahren war sie noch immer dabei und hatte die Nase voll. «Im Sommer arbeiteten Studenten als Galley-Stewards: Die haben etwas im Kopf, dachte ich. Was eigentlich mache ich in diesem Beruf?» Sie organisierte ein Gespräch am Universitätsspital und wollte zur Anästhesieausbildung. «Als Kinderkrankenschwester vom Kinderspital können Sie morgen beginnen», habe die zuständige Oberschwester gesagt. Und nachgehakt: «Fliegen Sie noch eine Weile weiter, geniessen sie das Leben.» Heidi füllte die nötigen Formulare aus und wusste, sollte sie vom Fliegen eines Tages endgültig genug haben, dann würde sie diese Ausbildung beginnen können. Sie liess sich für einige Zeit beurlauben, reiste nach Rio de Janeiro und lernte Portugiesisch. Später flog sie als Flight Attendant oft nach Brasilien und lernte dort ihren Partner Paulo kennen.

Sie reduzierte ihr Flugpensum auf 75 Prozent, als Paulo seinen Arbeitsplatz wieder in die Schweiz zurückverlegte. «Das hat bedeutet, dass ich pro Jahr drei Monate frei hatte und die Freizeit nutzen konnte. Ich war 33 und habe mit Yoga begonnen. So lernte ich den Yogalehrer Yesudian kennen. Im gleichen Moment erzählte mir eine Fliegerkollegin vom Buch ‹Die

Einweihung› von Elisabeth Haich. Nicht äusserlich – aber innerlich begann ein neuer Lebensabschnitt: die Esoterik-Zeit.»

Im Yoga lernte sie jemanden kennen, der sie über Grafologie und Astrologie informierte. Sie besuchte Kurse bei Katja Müri, und von dort ging der Weg zu Thorwald Dethlefsen. «Die drei Monate Aus-Zeit haben mir jeweils unendlich viel ermöglicht.» Sie besuchte Kurse bei Dethlefsen. Durch ihn kam sie auf die Heilkunst der Homöopathie. Von renommierten Homöopathen und weitsichtigen Menschen durfte sie lernen.

Sie flog weiter und beschäftigte sich gleichzeitig intensiv mit Homöopathie: «Ich hatte viel Respekt davor. Ihr Begründer, Samuel Hahnemann, hatte klare und strenge Anweisungen. In jene Zeit mischte sich auch eine, meine Krise: Trennung vom Partner. Neue Wohnung suchen. Diese Zäsur brachte zudem die Loslösung von Südamerika.»

Mit der Zeit gab es aber etwas Neues im Leben von Heidi: Japan. «Ich erinnerte mich an ein Buch ‹Zen und Psychoanalyse› und entschied mich, für eine Woche in ein Zen-Kloster zu gehen. Eine japanische Hostess gab mir die Adresse eines Klosters in Kanazawa. Gemeinsam mit einer Kollegin ging ich in diese Stadt am Japanischen Meer. Als Yoshiko, eine Freundin, uns dort im Daijoji anmeldete, habe der Abt geschmunzelt und gelacht. Nicht als Besucher waren wir willkommen, sondern als Integrierte, die alles mitmachten, was das Klosterleben verlangte.»

So waren Heidi und ihre Freundin plötzlich in einem japanischen Zen-Kloster, mitten unter 20 Mönchen und einem weisen Abt, der, voller Humor und Paradoxien, die zwei weiblichen Besucher faszinierte. «Die Mönche zeigten uns, wie man richtig sitzt, atmet, wach bleibt. Während der Meditation wagte man kaum, sich zu bewegen. Man hörte nur die akustischen Signale von Holz, Metall, Glocken. 40 Minuten galt es zu überstehen. Wir sind einige Tage geblieben, integrierten uns in den Klosteralltag, so gut wir konnten, und übten zu sitzen, wie es uns die Mönche erklärt hatten.»

«Ein Mönch fragte mich einmal, warum ich meine Ferien für die Meditation opfere. Ich antwortete ihm, er würde ja sein ganzes Leben dafür geben …»

Einer der Mönche zeigte ihnen die Stadt Kanazawa, informierte über Sake und Tofu und wie man sich in öffentlichen Bädern benimmt. Dann, nach dieser Reise voller Eindrücke, ging es weiter nach Tokio und dann zurück in die Schweiz. Fliegerleben: Heute hier, morgen dort. Und übermorgen wieder anderswo. Geblieben ist von diesem Aufenthalt etwas Unergründliches: Ruhe. Zentrierung. Berührt werden von Ritualen. Monotonen Tönen. Freiheit innerhalb der Struktur. Etwas Magnetisches, Unbenennbares.

Heidi flog später wieder nach Kanazawa. Damals dauerte die Tokio-Rotation eine Woche. Als sie im Kloster angerufen und gefragt habe, ob sie kommen dürfe, habe der Abt geantwortet: «Heidi, wir haben keine Türen, du kommst, du gehst, du entscheidest. Alles hat seine Zeit.»

«Nach über fünf Jahren regelmässiger Rückkehr ins Kloster sagte der Roshi: ‹Schau, hier in diesem Kasten kannst du deine Sachen hineinlegen.› So hatte ich plötzlich einen Ort, wo ich meine Utensilien wie Arbeitsgewand, Kutte für die Meditation sowie das Büchlein mit den Sutren deponieren durfte. Ein Mönch fragte mich einmal, warum ich meine Ferien für die Meditation opfere. Ich antwortete ihm, er würde ja sein ganzes Leben dafür geben … Im Laufe der Zeit entwickelten sich Beziehungen mit Mönchen sowie mit Menschen aus der Umgebung. Darunter war auch eine Trommlergruppe, die später – unterstützt von Swissair Osaka und vielen meiner Freunde – in der Schweiz Benefizkonzerte zugunsten des ‹Ankerhuus› gab.»

Gemeinsam mit Beat Pfändler hat Heidi einmal einen Mönch mit dem Namen Shinjosan im uralten Ryusenji-Tempel in Shizuoka, in der Region des Fuji-san besucht. «Dort ist das Bild entstanden und zwar, als der erste Sonnenstrahl den Meditationsraum erhellte. Ein Tag, an dem sich der Fuji-san aus dem Nebel wagte und reife Kakis leuchteten.»

Heidis Japan-Erfahrungen sind reich. Doch sie genügten ihr nicht, und so ging sie weiter auf der Suche nach Antworten auf ihre Fragen zum Leben. Nach Kursen bei Dethlefsen und Rüdiger Dahlke konnte sie einen Ausbildungslehrgang für Reinkarnationstherapie im Institut für ausserordentliche Psychotherapie in München absolvieren. Dies immer neben ihrem 75-prozentigen Pensum als Flight Attendant, unterstützt vom damaligen Kabinenchef. Doch später fragte sie sich wieder, wie weiter und wohin mit dem Gelernten, mit all den Erfahrungen.

Durch eine ihr bekannte Ärztin und Homöopathin, die im ‹Ankerhuus›, dem ehemaligen Hospiz für Aids-Patienten arbeitete, kam Heidi an jenen Platz, der ihr Antworten auf viele Fragen gab. Mit einem 25-prozentigen Pensum betreute sie schwerstkranke Menschen. War einmal mehr voll ausgelastet. Sie leistete Einsätze als Krankenschwester, begleitete Schwerkranke und Sterbende. «Ich konnte und durfte plötzlich alles Gelernte und Erfahrene in entsprechender Form anwenden. Vor allem in der Palliativen Sterbebegleitung tragen nach meiner Meinung Homöopathie, Massagen, Gespräche, Schweigen und vieles mehr zu erleichternden Momenten auf dem letzten Weg bei.»

Aber ihre Erfahrung und ihr Können waren auch bei Swissair gefragt: An die Nacht vom 2./3. September 1998, als SR111 bei Halifax ins Meer stürzte, erinnert sie sich genau. Am Tag nach dem Absturz flog sie mit Angehörigen der Opfer mit einem Spezialflug nach Kanada. Unglaubliche, unbeschreibliche Trauer. Sprachlosigkeit. «Wir waren Betreuer und Betroffene zugleich. Das Gefühl, im selben Boot zu sitzen, brachte eine einzigartige Nähe. Ich glaube, durch dieses unmittelbare Berührtsein hatten wir die unausweichliche Chance, diese Trauer gemeinsam zu durchleben. Das für uns alle riesige Drama gab uns trotz oder wegen des gemeinsam durchlebten Schmerzes jedoch auch Kraft und ein unglaubliches Zusammengehörigkeitsgefühl.»

Im Jahr 2000 wurde das ‹Ankerhuus› aus finanziellen Gründen geschlossen. Gleichzeitig zeichneten sich Verdunkelungen am Swissair-Himmel ab. «Wir hatten lausige und unausgeglichene Einsatzpläne, Nordatlantik-Flug an Nordatlantik-Flug. Dazwischen zwei Tage frei. Unmöglich, soziale Kontakte zu pflegen oder sich für den nächsten Flug auszuruhen, vorzubereiten. Es fehlte jegliches Verständnis, und gewisse Türen von Vorgesetzten waren schlicht und einfach geschlossen. Die zuständigen Leute waren nicht zu sprechen. Klug rechnete mir der höchste Einsatzleiter vor, wie der Computer einen fairen Mix ermögliche und wir das System nicht verstehen würden. Ich war nicht die Einzige, die mittlerweile enorm an den Folgen der Zeitverschiebung litt. Dann kam der neue Einsatzplan: wieder Nordatlantik-Flüge. Wir wurden ausgelaugt, damit der Turnaround, die Wende der bereits sterbenden Swissair gelinge. Und eines Tages hatte meine Müdigkeit einen Namen: Burnout. Ich brauchte Schutz. Und Hilfe. Peter Signer, unser Psychologe, nahm mich – gemeinsam mit einigen Teamleadern – ernst. Als Nächstes hatte ich einen Flug nach Afrika, mit etwas Zeit für Erholung, um ‹auf den Boden zu kommen›. Weg von allem.»

Doch bei Kräften war sie nach dem Afrika-Einsatz noch lange nicht. Sie ging zum Arzt und weinte nur noch. Als er sie fragte, was ihr fehle, antwortete sie kurz und bündig: «Zeit.» Er gab ihr drei Wochen, um sich zu Hause zu erholen. Aber nach drei Wochen hatte sie wieder einen Nordatlantik-Einsatz. «Es ging mir besser. Das heisst, psychisch ging es mir besser dank den Gesprächen mit dem Psychologen, dem Arzt und einer Homöopathin. Aber körperlich war ich ausgelaugt. Und dann habe ich mir – oh Wunder – den Daumen schwer verletzt, und dies bedeutete nochmals acht Wochen Aus-Zeit. Der Körper lechzte nach Ruhe.»

Dann kamen das Grounding und das Ende der Swissair. «Ohnmacht, eine riesige Enttäuschung. Und von den höchsten Vorgesetzten verschaukelt. Doch es war heilend zu sehen, dass nicht der Beruf, sondern nur die alte Firma im Eimer war. Und dass es weiterging: mit den Passagieren, dem Fliegen und den Arbeitskolleginnen und Arbeitskollegen. Beim Grounding und dem Ende der Swissair wäre es noch zu früh gewesen für die Frühpensionierung. Und so bin ich geblieben.» Heidi ist noch knappe vier Jahre bei Swiss geflogen.

«Mit 55 – also 2005 – habe ich den Schlussstrich gezogen. Bin in Freiheit und Dankbarkeit für alles Gewesene gegangen. Jetzt freue ich mich über neue Aufgaben. Ein neues Umfeld. Habe immer noch Flügel. Gönne mir den Luxus regelmässiger Reisen. Bin weiterhin aktiv. Neugierig auf Fremdes, Unbekanntes und Bekanntes, beispielsweise in den Glarnerbergen mit dem Hund wandern, schweigend ...»

Kräfte kamen zurück. Die Welt auch, die Menschen und das Lachen.

«Viele treue und liebe Freunde bleiben, andere gehen weiter. Neues kommt hinzu. Was bleibt, ist das Wesentliche. Dies zu umarmen, ohne es festhalten zu wollen, ist keine Kunst mehr, sondern Freiheit, Frucht des Erlebten, Gelebten und Verlebten.» ◖

ELISABETH HÄNI
ZAUBER, TRAUM UND REALITÄT

Unter dem Ehebett von Elisabeth Häni liegt der Traum; verpackt in einem schwarzen Samsonite-Koffer. Alles, was zur ehemaligen Swissair-Uniform gehörte, ist fein säuberlich zusammengelegt. Zusätzlich zählen das grosse Buch «Flight Manual», der persönliche Badge sowie sämtliche Schlüssel von damals zum Inventar. Damals gibt es nicht mehr. Aber der Traum hat überlebt. Unaufdringlich, unsichtbar, doch jederzeit abrufbar. In einer Stunde könnte sie einchecken. Wieder abheben. Dann wäre alles wie früher. Doch dazwischen liegen Jahre. Badge und Schlüssel sind längst nicht mehr gültig, und die Uniform der neuen Firma ist eine andere. Trotzdem: Die gut verpackten Traumbilder lassen eintauchen in eine Zeit, die einem Märchen gleicht. Ist der Koffer einmal geöffnet, reihen sich Bilder an Bilder. Und der Duft der grossen weiten Welt atmet in den dunkelblauen Stoffen, dem seidenen Foulard. Und er weht einem entgegen, als wäre Elisabeth Häni gestern von einem Langstreckenflug zurückgekehrt. Dem ist nicht so. Sie fliegt seit Ende 2001 nicht mehr. Und was unter dem Bett liegt … ein Tresor mit Wünschen. Vergangene Bilder. Traumzeiten. Erinnerungen an eine Zeit, die ein Leben füllen könnten: Swissair-Zeit. Lange sei er nicht geöffnet worden. Sie habe nicht mal wissen wollen, ob er noch da sei. «Man könnte mich jederzeit aus der Reserve holen. Ich wäre bereit», meint sie und korrigiert sich: «Aber ich bin eine andere geworden. Heute habe ich mein Privatleben neu eingerichtet. Die vielen Abwesenheiten würden nicht mehr drinliegen. Mein Mann ist wahrscheinlich ganz froh, dass es so gekommen ist …»

> «Man könnte mich jederzeit aus der Reserve holen.
> Ich wäre bereit.»

Elisabeth ist nicht – wie andere – 30 Jahre und mehr geflogen. Lediglich zwischen 1995 und 2001 hat sie den Boden mit der Luft vertauscht und ist als Flight Attendant der Swissair um die Welt gejettet. Doch diese Zeit wird immer ein wichtiger Teil ihres Lebens bleiben. Auch wenn sie heute von sich sagt, dass sie ein anderer Mensch geworden sei, zu sich gefunden habe, stärker und selbstbewusster geworden sei. «Fliegen war für mich wie eine Sucht. Doch ich konnte all die Eindrücke nicht verarbeiten, das heisst verkraften. Tausende von Passagieren, neue Destinationen, jede Situation im Flugzeug war einzig und einmalig zugleich. Die Arbeitstage waren voller Überraschungen. Und diese hatten kein Ende: Einsatzpläne, Abflug und Ankunft, Flugroute, Crew, Passagiere, Service-Ablauf … Und wenn irgendetwas nicht nach Plan lief, musste man mit viel Flexibilität das Beste herausholen.»

Lebensschulung sei das gewesen. Vom ersten bis zum letzten Moment. Am liebsten sei sie nach Afrika geflogen: «Der Duft, die Farben … Afrika, mit allem, was es beinhaltet.» Aber auch Amerika. In der Weite hat sie sich wohl gefühlt. Freiheit gespürt.

Die Tochter eines Briefträgers ist gemeinsam mit sechs Geschwistern in Schönried bei Gstaad aufgewachsen. «Landluft, Landleben und eine geborgene Kindheit», erinnert sie sich. Nach der Handelsschule und einem Welschlandjahr als Aupair hat sie in der Westschweiz ein zusätzliches Jahr verbracht, weil die künftige Lehrmeisterin zuerst die Lehrmeisterprüfung absolvieren musste. Sie arbeitete in einem Tea-Room, bis die Zeit gekommen war, in Bern die Ausbildung als Damenschneiderin zu beginnen. Stoffe schmeichelten ihr. Anfertigungen nach Mass, aber auch Änderungen mussten gemacht werden. Eigentlich hätte sie nach der Lehre ein eigenes Geschäft aufbauen wollen. Kunden suchen. Aber irgendwann distanzierte sie sich vom Vorhaben. «Damals war ich ein sehr zurückgezogener Mensch. Da hat die Atelieratmosphäre gepasst. Aber vielleicht wollte ich gar nicht so zurückgezogen sein …»

Nach der Ausbildung arbeitete sie drei Monate in einem Spital, um Geld zu verdienen. Dann verreiste sie, gemeinsam mit ihrer Schwester Beatrice, nach Amerika – «ins Land der Träume und der grenzenlosen Möglichkeiten …»

1994 gab ihr jemand den Tipp, sich bei Swissair als Flight Attendant zu bewerben. «Das geschah zufällig. Ich bewarb mich, bestand die Aufnahmeprüfung und akzeptierte das Resultat mit gemischten Gefühlen, denn ich war ja derart ruhig, introvertiert und lebte ein stilles, zurückgezogenes Leben. Aber ich dachte auch, wenn die mich wollen, kann es ja auch eine Herausforderung sein.» Elisabeth bestand sie glänzend. Absolvierte später sogar die Ausbildung als Maître de Cabine und nahm als solche auf dem Swissair-Streckennetz die Verantwortung für die Kabine wahr. Sie lernte, sich zu behaupten und durchzusetzen. Aus dem einst scheuen Mädchen wurde eine Vollblut-Berufsfrau in der Airline-Branche.

Das Grounding muss sie daher besonders schwer getroffen haben. Falsch: Elisabeth war verheiratet und ihr Mann hätte sie längst lieber vermehrt zu Hause gesehen.

«Ich glaubte, wie viele andere, der Bund würde das nationale Aushängeschild retten.»

«Persönlich hat es mich schon getroffen, doch eigentlich erst später, denn als die Zeit stillstand, das heisst, als die Flieger am Boden standen und später, als das Ende absehbar war, habe ich schlicht nicht geglaubt, dass die Firma hätte untergehen können. Ich glaubte, wie viele andere, der Bund würde das nationale Aushängeschild retten. Als ich dann feststellen musste, dass dem nicht so war, reagierte ich mehr oder weniger rational – wenigstens im ersten Moment. Das Grounding und das Ende der Swissair, das war für mich ein Stück Wirtschaftsgeschichte. Berührt, erschüttert und lang anhaltend ergriffen hat mich etwas anderes: Halifax. Das konnte ich kaum verkraften. Da habe ich nur noch geweint.»

Während in Amerika der 2. September 1998 ausklang, kündete sich in Europa bereits der 3. September an. An jenem Morgen war der Himmel tief verhangen. Niemand deutete dies als düsteres Vorzeichen einer fürchterlichen Katastrophe. Und niemand ahnte, dass der Tag zum traurigsten der 67-jährigen Swissair-Geschichte werden sollte. In jener Nacht stürzte das Flugzeug mit der Immatrikulation HB-IWF «Vaud» mit 229 Passagieren in Peggy's Cove ins Meer.

Wie ein Hammerschlag traf am frühen Morgen die Nachricht über das Unglück die Mitarbeitenden des Unternehmens, deren erster Gedanke bei ihren Kolleginnen und Kollegen im Flugbetrieb war. Flight Attendants, die wie Elisabeth Häni regelmässig auf dieser Strecke im Einsatz waren, wussten, dass es auch sie hätte treffen können. Jeden hätte es treffen können. «Das Gefühl kann man nicht beschreiben. Es ist wie eingebrannt. Eingebrannte Ohnmacht. Halifax hat uns vor Augen geführt, wie relativ und unberechenbar unser Dasein ist. Wie verletzlich auch die Technik, an die wir so unerschütterlich glaubten. Betroffenheit, Trauer, unkontrollierbare Emotionen und Unverständnis wurden Teil von uns allen. Die Folgen dieses Unglücks waren endgültig. Ein Albtraum für alle, die im Flugzeug arbeiten. Ein Albtraum für alle, die fliegen. Ich war nicht im Einsatz an jenem 3. September, sondern in Reserve zu Hause. Den ganzen Tag sah ich fern, informierte mich bei CNN und habe geweint. Freunde telefonierten und wollten wissen, ob ich zu Hause sei, wie es mir gehe. Halifax ist nach wie vor präsent. Ich kann das, was passiert ist, nicht einordnen.»

Als die Flugzeuge der Swissair in Reih und Glied in Kloten standen, sah Elisabeth wieder fern, verfolgte das Geschehen in Extra-Sendungen des Fernsehens DRS.

«Dass es der Firma derart schlecht ging, wusste ich nicht. Schliesslich hat man den Verantwortlichen vertraut. Ich empfand eine grosse Leere – aber es war, wie ich mich erinnere, keine Traurigkeit. Zudem war ich felsenfest davon überzeugt, dass Geld eingeschossen und die Swissair weiterfliegen würde. Eine solche Firma mit einem derartigen Ruf lässt man doch nicht zugrunde gehen.

Nach dem Grounding hätte ich als Flight Attendant weiterfliegen können. Zu schlechteren Bedingungen. Aber ich war ja Maître de Cabine und wollte nicht zurückstecken. Da hat man mir gekündigt. Die ganze Situation hat mich gezwungen, eine Richtungsänderung vorzunehmen. Aber eigentlich musste ich nicht allzu sehr leiden. Gut, ich bin nicht freiwillig gegangen; aber so, wie sich mein Leben entwickelt hat, kann ich wenigstens für mich sagen: unter dem Strich stimmt's. Ich hätte nicht für Swiss fliegen wollen, da ich mich mit der Firma nicht identifizieren konnte. Es war kein Unternehmen, auf das man hätte stolz sein können. Nein, das wollte ich nicht tun. Darüber hinaus war Michael, mein Mann, froh, dass die Zukunft versprach, dass ich mehr zu Hause sein würde. Zusätzlich hat die ganze Geschichte noch etwas anderes bewirkt: Ich habe mein Lohnkonto bei der UBS aufgelöst.»

Nach der Swissair bewarb sich Elisabeth bei Vögele in Pfäffikon und arbeitete als Einkaufsassistentin. «Da hatte ich es wieder mit Schnittmustern und Stoffen zu tun. Und plötzlich hatte ich wieder eine Beziehung zu meinem Beruf als Damenschneiderin. Doch es fehlte mir der Kontakt zu den Menschen und zu einem lebendigen Umfeld. Nach zwei Jahren suchte ich eine neue Herausforderung und bekam bei Adecco eine Stelle an der Front: Personalver-

mittlerin. Bei dieser Tätigkeit begegnete ich wieder vielen Menschen – aus allen Schichten und verschiedensten Nationen. Zudem konnte ich meine Sprachkenntnisse gebrauchen und meine Fähigkeit, mit Leuten zu kommunizieren. Die Arbeit verlangte Einfühlungsvermögen und Gelassenheit. Und die nötige Ruhe, um zuhören zu können: Damit hatte diese Tätigkeit eine gewisse Ähnlichkeit wie jene im Flugzeug. Seit dem Spätsommer 2008 arbeite ich bei der Regionalen Arbeitsvermittlung RAV in Wetzikon. Eine sinnige Anknüpfung an meine Stelle bei Adecco. Dies vor allem in einer wirtschaftlich unruhigen Zeit, in der ich meine Erfahrungen tagtäglich einbringen kann.»

Am allerwichtigsten ist Elisabeth jedoch ihr soziales Umfeld geworden. «Dass mein Mann und ich die gleichen Hobbys und Interessen haben und diese auch pflegen, ist wunderbar. Wir haben uns gemeinsam weiterentwickelt. Zueinander. Das ist einzigartig. Wir geniessen unsere Freizeit und konzentrieren uns auf Sport, Bergsteigen, Klettern, Hochtouren und Skitouren: Solche Erlebnisse sind unser Lebensinhalt. Im Alltag, das heisst, wenn ich von der Arbeit nach Hause komme, steigen wir gerne aufs Velo oder marschieren irgendwo in der Gegend.

Wenn ich das Bild anschaue, das Beat Pfändler in den späten Neunzigerjahren von mir gemacht hat, denke ich, dass ich eine andere Person geworden bin. Und doch die Gleiche bin. Jedoch bestimmter. Gestärkter. Gefestigter. Lebenserfahrung hat mich reifen lassen. Bergsteigen und Klettern verbinden und verlangen gegenseitiges Vertrauen. In gewissen Situationen am Seil liefert man sich aus. Dieses Vertrauen gibt Ruhe. Sicherheit.» Elisabeth Häni fühlt sich wohl und geborgen. Die Fliegerei ist heute kein Thema mehr. Gemeinsam mit ihrem Mann verbringt sie ihre Ferien in den Bergen: entweder in der Schweiz oder in Österreich.

«Dass die Swiss der Lufthansa gehört, das ist unglaublich. Wir haben etwas verloren, was nicht wieder gutzumachen ist.»

Sie hat Boden unter den Füssen, die Berner-Oberländerin. Mehr als früher. Vom Zauber unter dem Bett jedoch hat sie sich noch nicht getrennt. Er erinnert – wann immer sie versucht ist, wehmütig zu werden – an einen Traum. Der Traum heisst Fliegen und ist in ihrem Samsonite-Koffer verpackt. ❮

RAYMOND PERROUD
«NICHTS IST FÜR EWIG …»

Mit riesiger Erfahrung und fit wurde er 1998, mit 55 Jahren, bei Swissair pensioniert. Keinen Moment dachte er an Ruhestand. Wechselte zu Singapore Airlines. Ist dort noch viele Jahre geflogen. «Diese Airline hat einen ebenso guten Ruf wie die Swissair einst hatte.» Er habe nie davon geträumt, Pilot zu werden. Aber die Faszination der Technik, verbunden mit der Beherrschung eines Flugzeuges sowie die Ästhetik, all das habe ihn fasziniert. Heute widmet er sich seiner zweiten Leidenschaft, den Autos. Früher besass er einen «Flügeltüren-Mercedes», ein 55er-Modell. Heute fährt er einen alten Porsche. Schwärmt von Ferraris mit Jahrgängen 1965 und 1970: «Das waren Kunstwerke. Auch der Peugeot 406, ein Coupé, ist eines der schönsten Modelle von Pininfarina.» Ein feines Hobby für ein Pensioniertenleben. Das Grounding

hat er in Singapur erlebt. Beim Abendessen mit einem Swissair-Kollegen. Für diesen sei es nicht lustig gewesen, das Hotel entweder selbst zu berappen oder mit seiner Crew auszuziehen. Wenn er über Swissair spricht, redet er Klartext: «Zu viele Meetings, zu viel Administration. Es gibt nicht viel zu verdienen bei einer Airline. Zwischen Rendite und Verlust bleibt wenig Spielraum.» Doch heute ist er näher bei seinen Autos. «Nichts ist für ewig, das hat uns das Grounding gelehrt.» ‹

BRUNO HASLER
«NEUGIER IST MEINE TRIEBFEDER.»

Seine Agenda ist voll. Gerade eben ist «Sensual Mind» seine neue Back-to-Earth-CD erschienen, und er ist mehr als beschäftigt. Es geht um Promotion, Pressearbeit. Und darum, anwesend zu sein. Gut, dass das so ist, sonst wäre Bruno Hasler möglicherweise noch schwieriger zu erreichen, denn als Flight Attendant fliegt er heute mit einem 50-Prozent-Arbeitsvertrag auf dem Streckennetz der Swiss. Leidenschaftlich gern. Doch Bruno Hasler pflegt mehrere Leidenschaften. Und – so will es scheinen – alle gleich intensiv. Die Leidenschaft für das, was er tut, ist absolut. Radikal. Kennt keine Zeit. Kennt keine Grenzen. Disziplin lenkt den Geist. Und ist gleichzeitig Motor für Höchstleistungen. Dabei liebt er das Unerwartete, Ungeplante. Gehört zu jenen wenigen Menschen, die sich von einem Moment zum andern umstellen können, voller Neugier auf das, was sie erwartet. Diese Lebenshaltung prägt sein Dasein. Und hat ihn mit rasanter Geschwindigkeit zu immer neuen Zielen gebracht. Es scheint, als gäbe es nichts, was er nicht erreicht hat. Erfolgsverwöhnt, könnte man meinen. Stimmt nicht: Seit jungen Jahren hat Bruno eine Strategie. Diese verfolgt er zäh und konsequent. Sie ist mit Verzicht und auch Verlust verbunden. Doch er kann daran wachsen und lernen. Das ist der Schlüssel zu dem, was er sich heute leistet. Eigentlich schon immer geleistet hat: grenzenlose Freiheit im Denken, Tun und Lassen. Wenn einer so durchs Leben geht, könnte er ein Einzelgänger sein. Bruno jedoch mag das soziale Umfeld und ist diesbezüglich bis «ganz oben», das heisst bis in die Führungsetagen, erprobt. Aber er kann auch anders: In Duala in Kamerun hat er einen zweiten Wohnsitz. Dorthin geht er, um mit den Afrikanern zu leben und von ihnen zu lernen. Wenn ihn einer fragt, was er denn in Duala mache, hat er die Antwort immer bereit: «Wer neugierig ist, kann immer etwas lernen. Wer nicht schwatzen will, soll zuhören.»

Dass er sich in einer rastlosen Zeit seine Auszeit nimmt, mag verblüffen. Dass er das Unkonventionelle energisch verfolgt und dies in allen Bereichen seines Lebens, hat seinen speziellen Reiz. Denn Luxus bedeutet für ihn, frei zu sein. Unerreichbar. Und das zu tun, was Spass macht, ihn beflügelt. Seine grösste Befürchtung ist, den Weg der Gewohnheit gehen zu müssen. Auf Neues zu verzichten. Aber Bruno würde stets einen Weg finden. Denn das will er. Und so ist er. Immer bereit, um innezuhalten.

Sechs Kinder seien sie gewesen. Der Vater Postverwalter in Schaan. Das Interesse der Mutter habe der eigenen Hausband gehört. Sie habe jeweils gesagt: «Wenn die Jungen musizieren, machen sie nichts Dümmeres.» Der Vater sei ein begnadeter Violinist gewesen. Die Liebe zur Musik wurde gefördert, indem Instrumente wie Bass, Gitarre, Keyboard, Schlagzeug in bester Qualität vorhanden waren. «Vater hat das alles bezahlt, aber wir Kinder mussten das später mit Haus- und Gartenarbeit quasi abzahlen. Ende der Sechzigerjahre war die Zeit der Beatles und der Rolling Stones. Da habe ich Musik gemacht und auch bei Open Airs gespielt.»

Primar- und Sekundarschule hat er in Schaan und Vaduz absolviert. Gefolgt von einer Banklehre bei der Verwaltungs- und Privatbank. «Man trug Anzug mit Krawatte und wurde so zum Mann.» Der Lehrmeister habe ihn gefördert, ihm Vertrauen geschenkt. Nach der Lehre ging er ins Welschland. Er träumte davon, an einem See zu leben, suchte danach und fand diesen in Neuenburg, wo er dann bei der damaligen Volksbank in der Buchhaltung eine neue Herausforderung bekam. «Das Erste, was ich machte: Ich stellte mein Schlagzeug in den Luftschutzkeller der Bank. Dort spielte ich jeweils während der Mittagspause und am Abend. Plattenspieler, Platten und Kopfhörer galten als Zubehör. Ich habe meine Lieblingsplatten aufgelegt und mit Schlagzeug begleitet.»

Bruno war ein erfolgreicher Banker. Deshalb wollte man ihn nach dem Abgang des Chefbuchhalters trotz seiner Jugend zum Nachfolger befördern. Hat ihm ein Ausbildungsprogramm offeriert. Daraufhin hat der prädestinierte Bank-Kaufmann gekündigt. «Ich konnte und wollte mich nicht in jungen Jahren zu einem Bank-Spezialisten ausbilden lassen. Und dann möglicherweise das ganze Leben auf der Bank verbringen. Nein, das wollte ich wirklich nicht. Ich blieb konsequent. Habe in der Westschweiz meine ‹sicheren Zelte› abgebrochen, ging nach Zürich und studierte an der HWV Betriebsökonomie. Das war nicht einfach, denn ich logierte ab sofort nicht mehr in einer schönen Dachwohnung am Neuenburgersee, sondern in einer Einzimmerklause für monatlich 230 Franken.» Er legte seinen «alten» Lebensstil ab. Wurde Student. Und als solcher wahrgenommen. Da hat er zum ersten Mal erlebt, wie das funktioniert in der Gesellschaft: «Man wird eingeschätzt nach dem, was man verdient, und nicht danach, was man ist. Als Student habe ich an Attraktivität verloren.»

«Das war genau das, wonach ich suchte, denn wo ich noch nie war, da wollte und will ich hin. Das wurde, ist und bleibt mein Lebensmotto.»

Im zweiten Studienjahr sah Bruno in einer Zeitung das Inserat der Swissair, die Stewarts suchte, die zwischen Zürich und Nordamerika in der Bordküche arbeiten. «Ich dachte, etwas Besseres kann doch gar nicht passieren. Ich komme nach New York, muss dafür nichts bezahlen, sondern erhalte dafür noch Geld.» Nach einem einwöchigen Servicekurs sowie der Ausbildung für Einsätze im Notfall (Emergency) flog er seinen ersten Einsatz nach New York. «Das war für mich ein Schock, und zwar im positiven Sinne. Ich spürte klar und unwiderruflich: So will ich leben. Dieser Beruf zwingt mich zu einem Lebensstil, für den ich geboren, ja berufen bin. Und zwar deshalb, weil immer alles improvisiert ist. Man kriegt einen Einsatzplan. Und lebt von Monat zu Monat. Oder noch besser: Man wird aus der Reserve geholt und einfach irgendwohin geschickt. Das war genau das, wonach ich suchte, denn wo ich noch nie war, da wollte und will ich hin. Das wurde, ist und bleibt mein Lebensmotto.»

Es war kein «Spazierweg», denn Bruno hatte sich ja entschieden zu studieren und dafür seinen Bankjob aufgegeben. So sagt er heute rückblickend: «Es wurde der schwerste Entscheid meines Lebens. Noch nie wurde ich zwischen Emotion und Verstand derart hin- und hergerissen. Der Verstand sagte: Du bist ja wahnsinnig, dein Studium abzubrechen. Und das Herz sagte: Fliegen.»

Irgendwann dachte er, wenn er das Studium aufgeben würde, könnte er dies später einmal bereuen. Und so rang er sich zu einem Entscheid durch: «Das Studium abschliessen, bis zum 30. Geburtstag Karriere machen und dann den Rest des Lebens fliegen. Das habe ich durchgezogen. Wurde mit 24 Jahren Personalassistent und später Personalchef eines Unternehmens mit rund 2500 Mitarbeitenden. Absolvierte ein Nachdiplomstudium in Personalmanagement und wurde, was Einkommen, soziale Stellung und Prestige betrifft, wieder so eingestuft wie damals, als ich in der Bank arbeitete. Jedes Jahr mehr Lohn: Das verlockte zu einem Porsche, einer Wohnung in einem Haus mit Hallenbad. Und all dies wurde vom Umfeld mit Bewunderung quittiert. Ich aber hatte einen anderen Plan.»

Die Frage, ob er bei Swissair eine Anstellung erhalten würde, hat er sich nie gestellt. Das war für ihn klar. «Ich weiss eines sicher: Wenn ich etwas will, engagiere ich mich mehr als andere.» Drei Monate vor seinem 30. Geburtstag hat er sich bei Swissair beworben. Und wurde abgelehnt. Am Tag nach der Aufnahmeprüfung habe er bereits am Morgen um 8 Uhr beim damaligen Psychologen der Kabinenselektion, Herrn Brenner, vorgesprochen. Dieser sei überzeugt gewesen, dass er wiederkomme. Die Selektionsdamen seien der Meinung gewesen, er sei überqualifiziert. Verzettelung der Talente, hätten sie es genannt. Personalfachmann Bruno Hasler ist darüber heute noch entsetzt: «Das ist das Dümmste, was ich je gehört habe. Es gibt nichts Anspruchsvolleres als direkten Kundenkontakt. In einer solchen Tätigkeit kann man nie überqualifiziert sein.» Auf jeden Fall hatte das Vorsprechen überzeugt, Bruno wurde aufgenommen. Ein zweites Mal stieg er von der Karriereleiter, begann für 2830 Franken Nettolohn als Flight Attendant zu fliegen. «Ich habe mein Auto verkauft, die Wohnung gekündigt und begnügte mich fortan in Kloten mit zweieinhalb Zimmern.» Dass er den sicheren, vorgepflügten Weg mit grossem Einkommen verliess, konnte kein Mensch nachvollziehen. Aber Fliegen, das hat genau das beinhaltet, was er wollte. «Ich begann wieder zu träumen, erinnerte mich an jene Zeit, als ich Schlagzeug spielte. Als Personalchef war ich zu beschäftigt und hatte meine Musik vernachlässigt. Ich kaufte mir ein Keyboard und begann meine Lieblingslieder zu üben. Entspannte, ja romantische Musik. Als ich alles auswendig spielte, versuchte ich schwierigere Songs. Aber ich fand die Akkorde nicht. Mein Bruder Thomas, der Klavier spielt, hat mir deshalb geholfen. Und aus dieser Zusammenarbeit ist das Projekt ‹Back to Earth› (zurück zur Erde) entstanden.»

Zwischen 1985 und 1990 haben die beiden Brüder über 80 Lieder komponiert. Sie begannen fürs fliegerische und private Umfeld Bändchen zu produzieren. Diese waren so begehrt, dass man 500 CDs anfertigte. Innerhalb kürzester Zeit waren sie ausverkauft. Bis heute haben Bruno und Thomas Hasler acht CDs veröffentlicht, die sich über 300 000 Mal verkauft haben und wovon fünf mit Gold und zwei mit Platin ausgezeichnet wurden. Die meisten Leute würden ihn fragen, warum er überhaupt noch fliege, ob er nicht von der Musik leben könne. Ja, natürlich, aber das wolle weder er noch sein Bruder. «Ich finde es extrem wichtig, dass man nicht maximiert, sondern optimiert und sich auf verschiedenen Ebenen entwickelt. Thomas und ich, wir wollen mit dem Erfolg mitwachsen können, ohne dass uns dieser überfordert. Der Erfolg könnte grösser sein, wäre jedoch mit Abhängigkeiten verbunden. Darum bleiben wir beide im Beruf und leben das Künstlerische in der Freizeit aus.»

«In Afrika lerne ich, dass ich immer ein Lernender bin. Ich muss mich lediglich interessieren.»

Reduziert hat er seine Fliegerei trotzdem. 1992 hat er die Umschulung als Maître de Cabine gemacht. Bis 1996 ist er mit einem Vollpensum geflogen. Dann begann er langsam zu reduzieren. Heute fliegt er noch 50 Prozent. «Ich lebe heute ein paar Monate im Jahr in Duala, der Hauptstadt von Kamerun. Alle fragen mich, was man dort machen könne. Da antworte ich konsequent: Man kann überall etwas machen, wenn man neugierig genug ist. In Afrika lerne ich, dass ich immer ein Lernender bin. Ich muss mich lediglich interessieren. Die beste Lebenserfahrung ist, andere zu beobachten, zu fragen. Je älter ich werde, desto mehr wird mir bewusst, wie wenig ich weiss. Darum lerne ich vom Zuhören. Der Afrikaner lebt im Heute. Er hat gar keine andere Wahl. Das ist bei uns anders. Wir sind massiv von Zukunft und Vergangenheit befangen. Und verpassen dadurch den Moment. Aber, wenn der Moment stimmt, findet man auch den Weg in die Zukunft.»

Warum Duala?, fragen ihn die Leute. Es hätte überall sein können, wo er noch nicht gewesen sei. Aber nach Duala fliege heute nun mal die Swiss. Dass er dort ohne Internet, Mails und Termine lebt, gefällt ihm. Gibt ihm die Gelegenheit, sich weiterzuentwickeln. Die Fragen des Alltags seien andere als bei uns. Hat es Wasser? Gibt es Strom? Wer sich mit solchen Fragen zu beschäftigen habe, konzentriere sich auf das Wesentliche. Sei nicht abgelenkt. «Wenn ich morgens um 9 Uhr zum Bäcker gehe, dieser jedoch erst um 10 Uhr erscheint, ist das kein Problem. Man lernt jemanden kennen, dem man nicht begegnet wäre, hätte die Bäckerei zeitig geöffnet. Oder wenn ein Bus Verspätung hat, ergeben sich Chancen, etwas Neues zu sehen, jemandem zu begegnen. Aus solchen Momenten heraus geschieht Gelassenheit.»

Am 2. Oktober 2001, am Tag des Groundings, wollte er ins Aufnahmestudio für die CD «Mystic Ways». Wie wir darüber sprechen, wird er emotional: «Ich hatte zwei wahnsinnige Erlebnisse: Der Absturz unserer SR111 vor Halifax und das Grounding. Zu Halifax will ich Folgendes erzählen: Man stelle sich vor, dass ich ein paar Wochen vorher genau dort in Peggy's Cove war, wo das Flugzeug abgestürzt ist. Es waren meine Sommerferien. Ich wollte eigentlich nach Los Angeles, entschied mich aber am Flughafen, nach Boston zu fliegen. Mietete dort ein Auto und fuhr, mit der Landkarte auf den Knien, die Küste entlang. Irgendwann kam ich nach Halifax. Ich erinnerte mich an den Namen, denn er gehörte zur Route unserer Flüge. Von dort bin ich mit dem Camper Richtung Peggy's Cove gefahren und habe unmittelbar neben dem Leuchtturm gefrühstückt. An einem kleinen Tisch, mit Blick aufs

Meer. Für ein Frühstück suche ich mir immer die schönsten Plätze aus. Am 3. September 1998 war ich in Tokio. Schaltete im Hotelzimmer CNN ein und sah genau die Stelle, wo ich gefrühstückt hatte. Es war das Standbild von CNN. Noch wusste ich lediglich, dass dort ein Flugzeug abgestürzt war. Als ich kurz darauf realisierte, dass es ein Flugzeug von Swissair war, konnte ich es kaum fassen und kann noch heute nicht beschreiben, was in jenem Moment in mir vorging. Dass ich dort war, genau dort...»

Am Tag des Groundings also plante Bruno, ins Studio zu gehen, ging aber zum Flughafen. Und erlebte im OPS die eindrücklichsten Momente bei Swissair. Er habe sich sofort auf seinen Lebenstraum zurückbesonnen. Gedacht, dieser sei nun zu Ende. Habe festgestellt, dass das Grounding vor allem ökonomisch beschäftige. Die Sicherheit sei vordergründig gewesen. Einkommen. Jobs. Bei Bruno war es etwas anderes: «Wo kann ich künftig meine Leidenschaft, meine Faszination fürs Fliegen einbringen? Ich hatte mir doch vorgenommen, bis zur Pensionierung zu fliegen. Und jetzt hatte man mir diesen Traum genommen. Es fehlte mir die Balance, und ich fragte mich, wie ich diese zurückbekomme. Nur eines wusste ich: Ich musste mir einen neuen Traum kreieren.» Irgendwann kam der Moment, als ihm klar wurde, dass er ja noch bis März 2002 fliegen konnte. Also, sagte er sich, nehme ich Tag für Tag.

«Fliegen und die damit verbundenen Umstände elektrisieren mich auch heute noch. Wenn man mir am Morgen um 6 Uhr sagt, wohin ich zu fliegen habe und es dann noch zweimal ändert, ist das wahre Begeisterung. Es gibt ja nichts Uninteressantes. Nur Dinge, die einen nicht interessieren. Das war mir damals alles bewusst, also wollte ich mich keinen Moment mehr weiter damit beschäftigen, wie und was wäre, wenn ich nicht mehr fliegen könnte.» Nach dem Grounding sei ja lange nicht klar gewesen, wohin das alles führe. Was gesagt wurde, sei am nächsten Tag schon überholt gewesen. Man habe auch gespürt, wie sehr die Fliegenden mit ihrer Firma verbunden gewesen seien. Das habe man unterschätzt.

«Vielleicht tut man der Swiss auch Unrecht, denn man vergleicht das Positive der Swissair mit dem Negativen der Swiss.»

Nicht erwartet. Das habe doch alles übertroffen. Und heute? «Man verklärt die Swissair. Vielleicht tut man der Swiss auch Unrecht, denn man vergleicht das Positive der Swissair mit dem Negativen der Swiss. Man müsste sich bewusst werden, dass wir Mitarbeitenden die Swiss und deren Spirit sind, nicht das Management. Nur in der Erinnerung leben, das hilft der Firma nichts. Man ist Bestandteil der Kultur. Muss und kann diese auch beeinflussen. Manchmal sagen mir die Leute: ‹Du hast es leicht, fliegst 50 Prozent.› Dann antworte ich: ‹Macht es doch auch.› Für viele ist ihr Beruf heute mehr ein Job. Doch unsere Arbeit zwingt uns zu einem bestimmten Lebensstil, stärker als alle anderen Tätigkeiten. Und das ist die Attraktivität.»

Wenn alles normal verlaufe, werde er 2011 pensioniert. Im Gegensatz zu den meisten freue er sich nicht. Er sei noch zu jung dazu. Und weil ihm das Fliegen nach wie vor gefalle.

Musik machen, Reisen und Zeit haben für sich selber, das ist es, was ihm wichtig ist. Und was er heute lebt. Viele würden davon träumen, ihre Sehnsüchte zu realisieren, wenn sie pensioniert seien. «Ich schiebe nichts auf. Ich mache es jetzt. Jeden zweiten Monat kann ich machen, was ich will. Und jeden zweiten Monat wird auch mit mir gemacht. Weil ich mich gerne überraschen lasse.»

Die acht CDs produzierten Bruno und sein Bruder in einem Dreijahres-Rhythmus. «Von 36 Monaten muss ich drei Monate für die Fertigstellung aufwenden. Nach über 2000 Stunden im Aufnahmestudio kümmere ich mich auch um die Strategie für die internationale Vermarktung der CDs. Der weltweite Vertrieb erfordert viel Arbeit und führt zu wenig Schlaf. Aber wenn man etwas gerne tut, ist man auch belastbarer. Wenn die Leidenschaft verloren geht, beginnt der Abstieg. Und wenn man meint, man wisse etwas, verliert man die Neugier. Und damit die Lernfähigkeit. Doch es geht vor allem darum, das Kindliche, die Neugier zu behalten. Es ist egal, ob man Blumen pflückt oder Steine sammelt. Entscheidend ist, ob man es gerne tut. Wie auch immer. Wenn man die Passion aufrechterhält, kriegt man auch die nötige Energie, um weitere Ziele zu erreichen. Ich überlege mir immer gut, wo ich Energie bekomme und wo man sie mir nimmt. Dazwischen brauche ich einen Ort, auf den ich zurückgreifen kann, wenn der Energieverbrauch grösser wird als der Zufluss.»

Zu seiner neuesten CD «Sensual Mind» steht im Booklet: «Der menschliche Verstand ist zu den grossartigsten Leistungen fähig. Und doch wird es der Ratio niemals gelingen, den Menschen in seinem ganzen Wesen und Sein zu erfassen. Er braucht die Offenheit eines durch sinnliches Erfahren bereicherten Geistes, um das Nicht-Messbare, das Nicht-Rationale zu erleben. Erst wenn wir uns unseren Empfindungen öffnen, haben wir die Chance, unser Denken, Fühlen und Handeln in Einklang zu bringen – und so unserer wahren Bestimmung als ganzheitliches Wesen näher zu kommen. Mein Bruder und ich wollen Musik schaffen, die bewegt – ganz im Sinne Platons, der sagte: ‹Musik und Rhythmus finden ihren Weg zu den geheimsten Plätzen der Seele.›»

Wenn jemand zu Bruno sagt, dass er seinen Weg kenne, frage er sofort nach, ob es auch einen anderen gebe. Einen unbekannten. Auf solchen Pfaden nämlich will er gehen. Immer. Und dafür nimmt er alles in Kauf. Denn das ist sein Lebensstil, um unverbraucht durch die Welt zu gehen. Nächstes Jahr habe er wieder sechs Monate frei. Duala wartet. Sein Afrika, mit seinen Menschen. Bücher. Musik. Und seine Träume. Seine Neugier auch. Triebfeder für jedes neue Abenteuer. ◄

MONIQUE VEITH YERLY
DEN MOMENT GENIESSEN

Als sie 1982 zu Swissair kam, wollte sie nur zwei Jahre fliegen. Und dann Physiotherapeutin werden. Doch Reisen, die Welt und vor allem Swissair haben sie fasziniert. Sie ist geblieben. 21 Jahre lang. 2004 hat sie aufgehört. Wurde Mutter. Und wäre nach der Auszeit gerne wieder in die Luft. Doch Swiss hatte einen Einstellungsstopp. Sie konnte nicht mehr zurück: «Ein Leben ohne die Fliegerei war für mich kaum vorstellbar. Ich hatte Fernweh. Sehnsucht nach der Welt.» Aber dann hat sie sich neu orientiert. Bildete sich – wie bereits während der Fliegerei – auf jenen Gebieten weiter, die sie von jeher interessierten: absolvierte eine Ausbildung als medizinische Masseurin. Arbeitet heute in eigener Praxis und meint: «Es hat sich schnell herausgestellt, dass fürs Fliegen keine Zeit mehr übrig geblieben wäre.» Nach drei Jahren das

zweite Kind. «Es geht mir gut. Ich bin viel gereist, habe viel gesehen. Jetzt darf ich noch eine andere Seite leben. Ich denke gerne zurück. Vor allem an die Achtzigerjahre, als es noch lange Rotationen gab.» Das, was passiert ist, habe ihr klar gemacht, dass nichts sicher sei und am nächsten Morgen schon alles anders aussehen könne. Darum geniesse sie den Moment. Und bedaure nicht, was vorbei sei. ❮

CHRISTA AMSTUTZ-HAENE
ENTWURZELT. HEIMATLOS. ALLEIN.

Stürme des Lebens haben sie geknickt: Sie, die einst vor Lebensfreude sprühte, mit Lachen und Witz ansteckend und motivierend zugleich war. Zu viel gegeben. Zu viel Perfektionismus. Zu viel vom Guten. Schönen. Und ist heute erschöpft. Müde.

Christa Amstutz sagt von sich selber, dass sie am Ende sei. Kraft, darüber zu sprechen, gibt ihr die Gewissheit, dass Menschen lesen, was das Grounding, aber auch das Leben aus ihr gemacht haben. Sie möchte wahrgenommen werden, und zwar so, wie sie heute ist: mit all ihren Empfindungen und Bedürfnissen. Aber ihr Zustand – so betont sie – werde bagatellisiert. Und das Schlimmste, was man ihr sagen könne, sei, sie solle sich zusammennehmen. «Ich habe immer hervorragende Leistungen gebracht. Immer. Und trotzdem muss ich jetzt aufhören zu hoffen und darauf zu warten, dass mich jemand versteht, Verständnis hat für meine Situation. Das ist meine Aufgabe.»

Es liege ein Stigma auf der Krankheit mit dem Namen Depression. Man stosse bei Menschen – Freunden, Kollegen, ja selbst bei der Familie – meistens auf Unverständnis. Telefone zu beantworten, SMS zu schreiben und Post zu erledigen, das könne sie heute nur mit Mühe bewältigen. «Wenn jemand vom Pferd fällt, gibt's Verständnis. Mit einer Depression ist man alleine. Sehr alleine. Kein Mensch meldet sich. Alle gehen auf Distanz. Auch ehemalige Freunde ziehen sich zurück. Und Kolleginnen und Kollegen aus der Swissair-Zeit rufen nicht mehr an, um zu fragen, wie es gehe. Einladungen bleiben aus. Und Vorschläge für gemeinsame Unternehmungen auch. Das tut mehr als nur weh. Die Vereinsamung schmerzt. Aber

«Wenn jemand vom Pferd fällt, gibt's Verständnis.
Mit einer Depression ist man alleine. Sehr alleine.
Kein Mensch meldet sich. Alle gehen auf Distanz.»

auch das interessiert keinen. Die Schweiz mit ihrer intakten Arbeitswelt verlangt nach tüchtigen Leuten. Arbeitet man bei Swissair als Flight Attendant, ist man unternehmungslustig, jung, attraktiv und voller Kräfte, und die Menschen interessieren sich für einen: Einladungen zu Apéros, Vernissagen, Abendessen. Ist man aber physisch und psychisch entgleist, interessiert sich niemand mehr. Man kann gerade noch auf die eigene Handvoll Kraft zurückgreifen, die noch hilft, dass man lebt – auch wenn man praktisch nicht mehr lebt. Meine Tage und Nächte sind von Tabletten bestimmt. Dank Medikamenten kann ich existieren. Man stelle sich vor: keine Beziehung, kein Zuhause, fast kein Geld und keine Aussicht auf eine

anständige Pension. Und all das nach über 30 Jahren in der Fliegerei. Das habe ich nicht verdient. Gerade weil ich immer Bestleistungen erbrachte. Ich möchte nicht überheblich sein, aber mit Mittelmässigkeit gab ich mich nie zufrieden.»

Die Wohnung ist schmuck. Hübsch eingerichtet. Besonders auch die Raumaufteilung. Schräge Decken. Hohe Räume. Und der Balkon, ein Bijou. Man spürt das Flair fürs Schöne. Und die Neigung zum Speziellen, Aussergewöhnlichen. Sie habe immer sieben Sachen auf einmal gemacht. Problemlos. Gerne gut gekocht. Gäste verwöhnt. Brot selber gebacken. Nie eine Putzfrau gehabt. Kleider selber genäht. Das Haus dekoriert. Im Garten gearbeitet. Sport getrieben. Gemalt.

In guten Zeiten – so scheint es heute – hat Christa viel Kraft gehabt und diese auch dazu benutzt, ihre Sensibilität zu verpacken respektive sich so viel Ablenkung zu verschaffen, dass diese sich nicht zu stark in den Vordergrund drängte. Irgendwann aber war das Mass voll – oder wie sagt ein Sprichwort: «Der Krug geht zum Brunnen, bis er bricht.»

Aus dem Tief, in dem sie steckt, aus dem Dunkel, welches sie umhüllt, steigen Bedauern und Wehmut auf. Sie sieht vermehrt nur das Verpasste. Und denkt sich in aufsteigende Nebel hinein, in fliehende Störche übers Meer. Herbst ist es geworden in ihrem Leben. Einer, der nach kräftigen Farben verlangt. Und Kraft und Wärme des Sommers nachspüren möchte.

Im April 2007 flog Flight Attendant Christa Amstutz ihren letzten Einsatz bei Swiss. Seither ist sie krankgeschrieben. Kämpft. Und ist gleichzeitig matt, müde, zu müde, um zu kämpfen. Sie hat sich das Älterwerden anders vorgestellt. Als ausgebildete Kinesiologin hätte sie noch viele Jahre tätig sein wollen. Heute fehlt ihr die Kraft nur schon, um daran zu denken, dass sie nochmals arbeiten könnte.

In Rüschlikon am Zürichsee ist sie mit drei älteren Geschwistern aufgewachsen. Der Vater starb, bevor sie in die Schule kam. «Aus diesem Grund», so sagt sie heute, «wurde ich zu einem Kind, das immer zu allem Ja sagte, weil ich meiner Mutter nicht noch zusätzlichen Schmerz oder Ärger zufügen wollte.» Sie habe anfänglich keine Ahnung gehabt, was Tod bedeute. Aber mit der Zeit habe sie begriffen, dass Vati nie wieder heimkomme.

Die Primarschulen besuchte sie in Rüschlikon, das Gymi an der Töchterschule der Stadt Zürich. Sprachen haben sie interessiert. Dolmetscherin wollte sie werden. Der zweitälteste Bruder sei Architekt bei der Swissair gewesen. Während der letzten Ferien vor der Matura habe sie bei ihm im Balsberg, dem Swissair-Hauptsitz, gearbeitet. Und dabei Madeleine Schärli, damalige Sektorchefin und Selektorin fürs Kabinenpersonal, kennengelernt. «Fräulein Haene, Leute wie Sie suchen wir», habe Frau Schärli gesagt, worauf sie geantwortet habe: «Ich will doch nicht Hostess werden.» Wenig später habe die Sektorchefin Prospekte geschickt. «Und dann meldete ich mich an, bevor ich die ‹Matura im Sack› hatte. 19-jährig war ich erst und musste warten, bis ich 20 und zwei Kilos leichter war, so lautete die Auflage.»

Am 5. Februar 1973 hat sie angefangen. Und es gefiel ihr. Sie konnte ihre Sprachen gebrauchen, blühte auf, genoss die Zeit und wusste, dass sie studieren und Dolmetscherin werden wollte. «Dann lernte ich einen Mann kennen. Er arbeitete bei Swissair am Boden und sagte zu mir: ‹Christa, was willst du studieren. Wir heiraten und werden Kinder haben.› Und ich dachte, oh ja, eine Familie, das möchte ich auch. Und so gab ich den Wunsch zu studieren auf. Nach acht Jahren war die Beziehung zu Ende. Wir hatten keine Kinder. Und ich keinen Mut mehr, zu studieren.»

In jener schwierigen Zeit war die Fliegerei die einzige Stabilität in ihrem Leben. Als sie erneut in einer Beziehung lebte – dieses Mal war auch er Flight Attendant – begann eine glückliche Zeit. «Wir haben gemeinsame Rotationen eingegeben und flogen nach Bangkok, Colombo, Jakarta, Johannesburg, Dakar, Rio und Alaska: So war das in den Achtzigerjahren.»

Eine schwere, inoperable Diskushernie hat ihr in jener Zeit über mehrere Monate arge Schmerzen beschert. Ärzte versuchten sie traditionell zu behandeln. Aber Christa suchte andere Wege, kam zur Kinesiologie. Ihr verdanke sie die Heilung, sagt sie. Fasziniert von dieser Erfahrung, absolvierte sie selber eine Ausbildung und arbeitete später, das heisst zwischen 1995 und 2005, in einer eigenen Praxis. «Diese Aufgabe erfüllte mich und war gleichzeitig eine gute Alternative zum Fliegen.»

1990 heiratete sie. Wohnte mit ihrem Mann in einem Haus in Habsburg. Arbeitete, wenn sie nicht im Einsatz war, als Kinesiologin in der eigenen Praxis in Windisch. Und erinnert sich heute: «Es stimmte alles. Die Beziehung. Unser Häuschen. Der Arbeitgeber. Und wenn alles stimmt, gibt dies positive Energie.»

Dann – für die feinfühlige Christa ein gewaltiger Einbruch: der Absturz der SR111 vor Halifax. Sie habe immer gesagt, dass das Schlimmste wohl ein Feuer an Bord wäre. Und genau das ist passiert. «Seit jenem Moment definierte ich die Fliegerei für immer neu. Plötzlich hatte ich Angst und das Vertrauen verloren. Ging für einige Zeit nicht mehr zur Arbeit. Damals war mein Mann bereits seit neun Monaten pensioniert. Für ihn war meine Reaktion kein Thema. Er sagte, so etwas passiere nicht zweimal. Ich aber hatte das Urvertrauen verloren. Und war abgrundtief erschüttert.»

«Seit Halifax bin ich nie wieder mit der früheren Ruhe, Gelassenheit und dem absoluten Gefühl der Sicherheit auf einen Flug gegangen.»

Sie suchte professionelle Hilfe. Sprach oft mit Leuten vom Psychologischen Dienst und mit dem Sozialberater der Firma. An die Abschiedsfeier ging sie alleine, denn ihr Mann machte ihr klar, dass er den Schmerz nicht zweimal erleben wolle. Der Absturz und die Tatsache, dass so viele Menschen gestorben waren, hatten ihm genügt. Er wollte die Zeremonien nicht. Sie aber hätte ihren Partner gebraucht. Sehr. Aber die Beziehung sei bereits damals nicht mehr so gut gewesen, die Pensionierung zu einschneidend für ihn.

«Seit Halifax bin ich nie wieder mit der früheren Ruhe, Gelassenheit und dem absoluten Gefühl der Sicherheit auf einen Flug gegangen. Habe begriffen, dass es diese Sicherheit nicht gibt. Trotzdem – mit Kinesiologie und dank vieler Gespräche kam mein Energiesystem wieder in Fluss.»

Sie habe sich vorgestellt, nach der Pensionierung ihres Mannes mehr als Kinesiologin zu arbeiten. Aber es kam anders. «Es gab Spannungen. Er begleitete mich nicht auf meine Langstreckenflüge, ging seinem Nebenjob nach. Ich spürte plötzlich, dass es nicht gut kommen würde und wollte daher das Fliegen nicht aufgeben, um, wie geplant, vermehrt als Kinesiologin zu arbeiten. Zu jener Zeit haben wir über unsere Probleme gesprochen. Ich wollte die Beziehung retten und suchte nach einer Lösung zugunsten unserer Zukunft. Gab meine Praxis auf. Neu beginnen, hiess die Devise. Wir hatten vor, an den Sempachersee zu zügeln. Das Alte hinter uns zu lassen.»

Im April 2001 unterschrieben sie den Vorkaufsvertrag für das neue Domizil. Und haben sich auf den Neubeginn gefreut. Aber dann kam der 11. September 2001, und Christas Mann reagierte auf die Terroranschläge und den schleichenden Niedergang der Swissair heftig. Er hatte eine kleine Pension. Daher waren sie auch auf ihren Lohn aus der Fliegerei angewiesen. Überfordert waren beide, und so haben sie sich vom Wohnungskauf zurückgezogen. Als die Überbrückungsrente der Swissair ausfiel, reagierte ihr Mann mit Panik. Fiel in ein Loch. Drängte sie, sofort wieder als Kinesiologin zu arbeiten. Trauer. Fassungslosigkeit, Entsetzen und Erschütterung. Ihr Leben geriet ins Wanken. «Ich habe oft nur noch geweint, weil ich nicht mehr wusste, wie's weitergehen sollte. Unterstützte meinen Mann so gut es ging, obwohl ich ja nicht weniger traurig, hilflos und verzweifelt war, begann in einem Fitness-Studio als Sport-Kinesiologin zu arbeiten. Zusätzlich zu meinem Fliegerjob, wohlverstanden.»

Trost bekam Christa einmal mehr von den Betriebspsychologen. Und manchmal auch von Passagieren. Verständnis – woher es auch immer kam – schien heilend und motivierend zugleich. Sie konnte weiterfliegen. Zu neuen Bedingungen. Und war erstaunt über die Chefs an der Spitze der neuen Firma, die keine Ahnung hatten, wie ein Langstreckenbetrieb funktioniert. Gute alte Swissair-Leute, die das Know-how rund um den Globus ein Leben lang erworben und angewandt hätten, seien durch unerfahrene Jungmanager mit Europa-Erfahrungen ersetzt worden. «Ich bin oft frustriert nach Hause gekommen. Mein Mann jedoch verstand dies überhaupt nicht und meinte, ich solle doch froh sein, dass ich überhaupt noch einen Job habe. Aber für mich stimmte das nicht. Ich konnte das Grounding nicht verkraften.

Es wurde immer schwieriger. Er aber widmete seine ganze Aufmerksamkeit seinem Nebenjob, da er ja noch Geld verdienen musste. Dabei verlor er mich und unsere Beziehung immer mehr aus den Augen. Ich fühlte mich vernachlässigt. Verlassen. Und dann begannen die Schmerzen in den Händen. Vor allem in der Nacht. Aber auch während der Arbeit: Ich konnte kaum noch eine Kanne Wasser halten.»

Auf Verständnis oder Zuwendung ihres Mannes wartete sie vergeblich. Er habe lediglich festgestellt, dass sie immer müde sei. Und klage. Und dies sei der Moment gewesen, da sie realisierte, dass sie gehen müsse. Nicht Hass, sondern die Frage, ob sie so weiterleben wolle, habe sie zum Weggehen bewogen. «Es war nicht das, was ich wollte. Aber ich musste gehen. Er wollte, dass ich bleibe.» Mein Mann verlor dadurch jeglichen Halt. Ist zusammengebrochen. Auch meine Kraft war dahin, aber ich ging trotzdem weiterhin zur Arbeit.

Kurz vor Weihnachten sei sie zum Arzt gegangen. Sie müsse ja unter wahnsinnigen Schmerzen leiden, habe der Neurologe gemeint und gefragt, wie sie diese denn aushalte. Sie habe ein schweres Karpal-Tunnel-Syndrom, eine Verengung der Nervendurchgänge in beiden Händen, und diese müssten sofort operiert werden. Am 6. Januar wurde eine Hand, Ende Februar die zweite operiert.

Ihr Mann hatte in der Zwischenzeit eine eigene Wohnung und Christa ebenfalls Aussicht auf ein eigenes Domizil im Thurgau. Das Haus, in dem sie über Jahre gemeinsam gewohnt hatten, hat sie praktisch im Alleingang geräumt: trotz Schmerzen in den frisch operierten Händen. «Als ich im März meine neue Wohnung bezog, konnte ich mit den operierten Händen kaum die Zügel-Schachteln öffnen. Ich war alleine. Fremd im Dorf. Kannte keinen Menschen. Habe die Kinesiologie aufgegeben, weil ich in meinem Zustand niemandem hätte helfen können. Der Gedanke, wie alles sein würde, was noch kommen könnte, beschäftigte mich unablässig.»

Im Mai ging sie wieder auf Rotationen. Doch nach drei Wochen konnte sie den Daumen nicht mehr bewegen. Er musste erneut operiert werden, und sie war für zwei Monate arbeitsunfähig. Als sie im August und September wieder mit Fliegen begann, kündigte sich die riesige Erschöpfung an. Sie hatte keinen Halt mehr. Die rechte Hand begann wieder zu schmerzen. Behandlung mit Cortison. Aber dann schmerzte auch die linke immer stärker. Der Arzt stellte fest, dass es ihr wirklich schlecht gehe und diagnostizierte ihren Zustand als eine Ballung von Überlastungssymptomen. Später konnte sie ihr Bein nicht mehr bewegen. Krankheit reihte sich an Krankheit. Schmerzen an Schmerzen. Weinen war Alltag. Und Allnacht. In jener Zeit kam Christa in die Privatklinik Hohenegg oberhalb Meilen. Aber ihr Gesundheitszustand verbesserte sich nicht. Sie ging an zwei Stöcken. Schluckte Cortison. War psychisch und physisch am Ende.

«Ich hatte mein Leben nicht mehr im Griff.
Und zürnte laut mit Bruggisser.
Wollte nie wieder etwas mit der UBS zu tun haben.»

«Die Aussenwelt denkt: Nun spinnt sie. Auch die Ärzte nehmen einen mit solchen Geschichten nicht mehr ernst. Und immer dachte ich die gleiche Frage, sinnierte ich zum gleichen Thema: Kann ich je wieder fliegen?»

Nach drei Monaten stationärem Aufenthalt musste Christa die Füsse operieren. Kaum konnte sie ohne Stöcke gehen, musste sie nochmals beide Hände operieren. Am 31. März 2008 konnte sie nicht mehr aufstehen. Sie war wie immer alleine in ihrer Wohnung. Nicht einmal den Kopf habe sie heben können. Alles habe sich gedreht. Mit der Ambulanz wurde sie nach Frauenfeld ins Spital gefahren. Das Ausfallen des Gleichgewichtsorgans hat sie flachgelegt. Vom Spital kam sie nach Mammern zur Erholung und von dort nach Littenheid in die Psychiatrische Klinik. Stationär. «Ich hatte mein Leben nicht mehr im Griff. Und zürnte laut mit Bruggisser. Wollte nie wieder etwas mit der UBS zu tun haben. Nur Wut, pure Wut bestimmte mein Dasein. Und ich wusste, dass vor allem der Untergang der Swissair alles ins Rollen gebracht hatte. Die Tatsache, dass ich es alleine nicht mehr geschafft habe, es immer noch nicht schaffe, ist sehr schmerzhaft. Und doch war ich dankbar, dass ich überhaupt in Littenheid sein konnte. Man hat mir geholfen und hilft mir noch immer.»

Einen Sommer in der Klinik und im Anschluss teilstationär in der Tagesklinik. Der Tag ist strukturiert und Christa zugleich begleitet. Sie frage sich, wie es weitergehe, denn im Frühjahr 2009 zahle die Taggeldversicherung nicht mehr. Existenzangst jeden Tag. Ihr Leben lang habe sie Sport getrieben. Sich gesund ernährt. Und nun das ... Sehnsucht nach der weiten Welt kleidet ihre Träume in Wehmut. Fliegen ist wohl nicht mehr möglich. Ihre Stimme ist ernst, ihr Herz erschüttert, wenn sie sagt: «Nur ich weiss, wie entkräftet und matt ich geworden bin.» Dann öffnet sie eine Flasche Weisswein. Die Crackers kommen aus Japan. Trotzdem – oder erst recht: Prost! «Um 13.30 Uhr fliegt jeweils LX 160 über's Haus: Zürich–Tokio. Dann schaue ich zum Himmel. Immer. Meine Flieger, meine Welt ...»

Vom Schmerz geadelt. «Ein heiliger Engel», schreibt der Dichter Adalbert Stifter über ihn. Christa möchte ihn endlich loswerden, diesen Schmerz. Endlich! Und ankommen: Wurzeln schlagen. Heimat finden. Angenommen sein. 30 Jahre Fliegen haben ihr alles, fast alles gegeben. Und alles, fast alles genommen. Sie lächelt beim Adieu sagen. Und dieses Lächeln birgt Hoffnung. Zauber des Kommenden ... ‹

MAURICE CHOUKRANE
FLIEGENDER TÄNZER

Die Augen von Maurice Choukrane funkeln vor Begeisterung. Leuchten, als wären sämtliche Spotlights der Weltbühne auf sie gerichtet. Er hat Glück gehabt und wurde – im Gegensatz zu andern – nicht geknickt. Noch tanzt er seinen Traum in der Regel 10 000 Meter über der Erde. Und tanzt ihn gekonnt und vor allem mit einer unstillbaren Leidenschaft. Die innere und äussere Haltung, durch Ballett erworben und in den Alltag integriert, machen ihn zu einem unvergleichlichen Maître de Cabine. Einer, der immer siegt, weil er tanzt. In Anlehnung an Schiller, bei dem zu lesen ist: «Der Mensch ist nur da ganz Mensch, wo er spielt.»

«Ich bin stolz, für Swissair gearbeitet zu haben. Das war die beste Airline. Der Service, die Passagierbetreuung … Und dann, mit dem Ende der Airline, wurde ich Teil der Schweizer Wirtschaftsgeschichte. Habe miterlebt, wie die Fluggesellschaft gegroundet wurde und mit ihr ein gutes Stück der ‹alten› Schweiz. Aber vielleicht haben wir Schweizer das Ende unserer Swissair derart intensiv erlebt, weil wir solch dramatische Versenkungen nur aus den Medien kennen … In anderen Ländern gehören sie seit Jahren zum Alltag und die Menschen gehen – wenigstens vordergründig – damit um, als hätten sie das ‹Stirb und Werde› verinnerlicht, als wüssten sie, wie es ist, wenn nichts mehr zu gehen scheint. Heute bin ich stolz, für Swiss arbeiten zu dürfen. Wir gehören wieder zu den Besten. Und die Kunden wissen, wie gut wir sind. Das stärkt. Gibt Vertrauen und weist in die Zukunft.»

Geboren am 22. September 1956 in Kairo, mehrsprachig aufgewachsen in Kairo, Tel Aviv, Paris und New York, war dem Sohn eines Mechanikers der El-Al ein internationales Umfeld bereits als Kind vertraut. Hat ihn geprägt. Offen gemacht für die Welt und die Menschen. Für die Bewegung auch. Diese sollte sein Leben gestalten. Oder hat er seinerseits die Bewegung gestaltet? Fasziniert vom Fliegen und wohl angesteckt von der Arbeit seines Vaters, wollte er nur eines: Fliegen. Aber etwas kam dazwischen, was ihn am Boden hielt. Wenigstens für einige Jahre, denn tanzend war er schon damals – so etwas wie – in den Lüften. «Ich hatte Glück, war schnell und wurde gefördert», sagt Maurice und lächelt. «Bewegung hat mich elektrisiert. Man stelle sich vor, ein Junge träumt vom Fliegen. Immer nur vom Fliegen. Und dann wird er Tänzer. Weil es sich so ergeben hat. Ist doch verrückt, nicht?»

Es scheint, als könne er es bis heute selber nicht glauben, dass sich sein Traum vom Tanzen und Fliegen erfüllte. Mit Bauchtanz hat alles begonnen. Ein Kind entdeckt seinen Körper. Und dann: Maurice war 13 Jahre alt. Wurde animiert. War begeistert von einer Ballettschule in der Nachbarschaft. Dann die ersten Stunden. Und ausserhalb der Stunden Faszination. Bewegung. Tanz.

Ein Lehrer entdeckte seine Begabung. Und mit 15 Jahren, er war noch an der High School, war er bereits auf der Bühne des Connecticut Norwalk Theaters in seinen ersten Rollen in

«Giselle» «Coppelia» und «Nussknacker». «Ich habe viel Zeit investiert. Von allem Anfang an. Man stelle sich vor: 11 Jahre später kam Marcia Haydée vom bekannten Stuttgarter Ballett und wollte mich haben. Aber sie war zu spät. Ich war bei Heinz Spoerli in Basel, und der liess mich nicht gehen.»

Die Karriere des Maurice Choukrane gleicht einem Tanz nach oben. Und nur nach oben. Mit einer Leichtigkeit hat er sich Stufe um Stufe zum Himmel geschwungen, um heute als wohl einziger Tänzer der Welt über den Wolken zu wirken.

«Ich bin praktisch selber zum Tanz geworden,
weil ich Tag und Nacht tanzte. Ich war nicht zu bremsen.
Die Freude war grenzenlos.»

Aber schön der Reihe nach: Maurice wirbelte in schalkhaften und temperamentvollen Engagements um die Welt und faszinierte das Publikum in Paris, Berlin, New York, Chicago, Beijing. Die auf ihn zugeschnittenen Solistenrollen brachten ihm den Ruf des grossen Nachwuchstänzers ein, und er wurde engagiert von Choreografen wie Balenchine, Cranko oder van Mannen. «Ich bin praktisch selber zum Tanz geworden, weil ich Tag und Nacht tanzte. Ich war nicht zu bremsen. Die Freude war grenzenlos.»

In den Siebzigerjahren suchte das Stadttheater St. Gallen in New York nach jungen Nachwuchstänzern. Das war der Moment, als sich für Maurice das Fenster zur Schweiz öffnete. Zwei Jahre später holte ihn Heinz Spoerli nach Basel. Choukrane wurde zur exklusiven Weltmarke des Tanzes. Aber eigentlich hatte er nur einen Traum: Fliegen.

«Mit 35 Jahren musste ich mich entscheiden. Ich wollte nicht zur Lufthansa, sondern zur Swissair, meiner Meinung nach der besten Fluggesellschaft der Welt. Als ich 1990 die Ausbildung zum Flight Attendant abschloss, konnte ich den ersten Flug kaum erwarten. Nur, Deutsch war für mich eine Fremdsprache. Anfangs hatte ich damit ein bisschen Probleme.

«Mein Leben ist, wo immer ich wirke, eine Bühne. Das heisst:
Man gibt nicht nur alles, sondern mehr als das Beste.»

Aber heute denke ich, wenn man das, was man tut, liebt, darf man auch Fehler machen.» Aufgeregt ist Maurice oft, weil er immer voller Freude ist. Noch heute ist für ihn Arbeit grenzenlose Begeisterung. «Man ist nie verbraucht. Und daher immer frisch. Auch nach zwölf Flugstunden. Mein Leben ist, wo immer ich wirke, eine Bühne. Das heisst: Man gibt nicht nur alles, sondern mehr als das Beste: sei es im Flugzeug als Gastgeber und somit im Kontakt mit Kunden, im Umgang mit Mitarbeitenden oder in der Schulung.»

Seit einigen Jahren unterrichtet er künftige Flight Attendants in Haltung und Auftreten. Seine Lebenseinstellung ist motivierend. Ansteckend. Maurice, der von sich behauptet, dass es ihm schwer falle, ernst zu sein, weil dies besonders viel Energie koste, ist sich bewusst, dass seine Heiterkeit auch überfordern kann. Könnte … «Während eines Fluges sind die Menschen froh, wenn sie ein lachendes Gesicht sehen. Davon gibt es ja im alltäglichen Leben nicht viele.» Er sprüht vor Freude und Lebenskraft. Und ist nicht zu bremsen. Er spielt nicht. Und spielt doch. Spielt zu gut, als dass er Spieler wäre. Hat sich das Spiel derart einverleibt, dass er selber Spiel ist. Spiel oder Tanz? Tanz oder Spiel? Oder beides?

An ein Grounding der Swissair habe er nie gedacht. Unvorstellbar. Gehört habe man viel. Meistens aus den Medien. Dass es die Swissair einmal nicht mehr geben könnte – unvorstellbar. Nicht im Traum denkbar. «Ich habe immer daran geglaubt, dass es weitergeht. Alles andere war unmöglich.» Dieser Glaube gab auch jene Kraft, die nötig war, um den Kunden im Alltagsgeschäft gefasst und professionell zu begegnen. In jenen Tagen war die Choreografie dramatisch; die Musik erinnerte an «Finlandia» und die Zeit wurde zur «Sibelien-Night». Doch Choukranes Tanz schien gelassen. «Ich hatte keine Angst. Nicht für mich. Sie galt den andern. Den Piloten zum Beispiel. Ich wusste, falls tatsächlich etwas passieren sollte, würde es mir besser gehen als den meisten: Ich hatte doch noch meinen Tanz. Hätte sofort Ballett unterrichten können. Aber ich war mächtig enttäuscht, dass die Schweizer ihre Airline nicht gerettet haben. Es hätte nicht viel gebraucht. Es wäre möglich gewesen …» Überall auf der Welt habe man ihn gefragt: «Maurice, was hat die Schweiz mit ihrer Airline gemacht?» Die Swissair ohne Geld, das habe man nicht verstanden.

«Ich denke, dass die Schweizerinnen und Schweizer keine Ahnung hatten, was die Swissair für eine Bedeutung hatte – und dies vor allem im Ausland. Das war eine Marke, die um die Welt ging. World-Marketing, und zwar vom Besten, was es je gegeben hat. Was dann beim Grounding alles passiert ist … Nur eine Geschichte: Unser Airbus landete in London. Starker Regen. Das Flugzeug stand irgendwo auf dem Tarmac. Kein Bus. Keine Schirme. Die Leute fragten: Müssen wir bei diesem Regen wirklich zu Fuss gehen? Als der letzte Passagier gegangen war, kamen Polizisten und blockierten unser Flugzeug. Auf Fragen gab es immer nur eine Antwort: Wir hätten kein Geld mehr. Weder für einen anständigen Parkplatz noch für Kerosin. Da wusste auch ich, dass gar nichts mehr ging. Und trotzdem hat es kein Mensch geglaubt. Man konnte und wollte es einfach nicht glauben.»

«Die Verletzungen, die den Mitarbeitenden mit diesem Akt zugefügt wurden, Menschen, die für ‹ihre Swissair› alles gegeben hatten, sind nicht zu beschreiben. Da reichen Worte nicht aus. Und Bilder werden immer Bilder bleiben. Was da in den Herzen passiert ist, kann nie nachvollzogen werden. Und noch etwas: Es gab keine Begleitung. Keine Debriefings. Keine Trauerarbeit. Und jene, die befähigt gewesen wären, waren selber überfordert. Man wurde von der Firma absolut alleingelassen. Mario Corti war ein Kämpfer. Auf jeden Fall wurde er von uns als solcher wahrgenommen. Aber ‹hinter den Vorhang› haben wir nie gesehen …»

«Die Verletzungen, die den Mitarbeitenden mit diesem Akt zugefügt wurden, Menschen, die für ‹ihre Swissair› alles gegeben hatten, sind nicht zu beschreiben.»

Jetzt ist die Stimme von Maurice eine Tonlage tiefer: «Wir haben die eigene Identität verkauft. Tausende wurden arbeitslos. Und dann kamen die Crossair-Leute und sagten: ‹Jetzt sind wir dran.› Diese Haltung war überall zu spüren. Auch in der Schulung. Später hat sich das wieder geändert. Weltweit werden wir immer noch als Swissair wahrgenommen. Viele Leute im Ausland realisieren nach wie vor nicht, was wirklich passiert ist. Sie können und wollen sich nicht vorstellen, dass die Schweiz ihre – die weltweit beste – Airline verkauft hat. Aber ich bin der Meinung, dass die Swiss heute denselben guten Ruf hat wie die ehemalige Swissair. Und das heisst, dass wir wieder die Besten sind. Darauf bin ich stolz. Und darauf, dass ich dabei sein darf.»

Ein Leben ohne Fliegen kann sich Maurice schlicht nicht vorstellen. Dabei spielt ihm die Zeit einen Streich: In ein paar Jahren wird er pensioniert. Ob er dann wieder tanzen wird? Oder immer noch fliegt? Oder beides …? Vielleicht wird er sich vermehrt in der Ballettschulung engagieren. In Winterthur ist er bereits seit vielen Jahren verpflichtet. Ob er, der sich in der Luft wohlfühlt, vermehrt wieder festen Boden unter den Füssen haben wird? Eines ist sicher: Wo immer er tanzt, tanzt er mit Leidenschaft, gibt er sein Bestes. Der Bühne verpflichtet. Der Choreografie. Es werden noch gigantische Rollen auf ihn warten: Wer mit einer derartigen Passion spielt – fliegend, tanzend, tanzend, fliegend oder beides –, wer so spielt, hat immer Publikum. ‹

NICOLE DUBLER
STERBEN, DAS WAR KEIN THEMA

Während zehn Jahren ist Nicole Dubler aus Wohlen als Flight Attendant geflogen. Liebte ihren Job. Ihre Einsätze. Ihre Welt. Bevor sie am 30. Dezember 2000 mit nur 32 Jahren gestorben ist. Eine aussergewöhnliche Person sei sie gewesen, sagt Frits van der Graaff über seine Frau. «Ich hätte nie gedacht, dass mich jemand aus Holland wegbringt. Aber sie hat es geschafft. Während unserer fünfjährigen Beziehung hatten wir es genial zusammen.» Kennengelernt hatten sich der KLM-Mann und die Swissair-Frau auf einem Segeltörn durch British Virgin Islands. Heirateten im August 1999. Im Oktober des gleichen Jahres meldeten sich Schmerzen. Bauchspeicheldrüsenkrebs. Mit Leber- und Lymphdrüsenbefall. «Zwei Monate später begann sie mit Bürodienst bei Swissair. Hat 12 Kilos abgenommen.» Zehn Monate Kranksein. Über den Tod hätten sie nie gesprochen. «Das war kein Thema.» Sie habe auf die Chemotherapie angesprochen. Glaubte an Heilung. Zwei Tage vor ihrem Tod eröffnete ihm eine Nachtschwester, Nicole sei «terminal». «Ich habe nicht verstanden, was das heisst und fragte nach. Da wusste ich, dass sie sterben würde. Ja, das war schon sehr hart.» Anastasia sei ihre Lieblingssängerin gewesen. Und da sie aus einer Harley-Familie kam, habe sie Harleys geliebt, ihre eigene «Fatboy» am meisten. ❮

WERNI NUSSBAUM
EIN FLIEGENDER SONDERFALL

Seine Mutter erlitt im März 2005 einen Schlaganfall. Heute ist sie 87 Jahre alt und müsste eigentlich ins Altersheim. Aber Werni Nussbaum und seine Schwester sorgen für sie, und deshalb kann sie zu Hause bleiben. «Das ist jetzt mein, unser Job.» Gerechtigkeit sei für ihn ein wichtiges Wort, betont er. Er liebe den Frieden und könne bei Unkorrektheiten die Fassung verlieren. Doch er sei ruhiger geworden. Gelassener auch. «Wenn man bald 60 wird, ist vieles nicht mehr so wichtig. Da versucht man, das letzte Drittel im Leben so gut wie möglich zu geniessen.» Bewusster lebe er, gehe sorgfältiger mit seiner Gesundheit um, denn diese sei doch das grösste Gut, das man habe. Als Nachtmensch habe er früher oft übertrieben, nicht nur mit der Musik. Heute gehe er in der Regel zwischen 22 und 23 Uhr ins Bett. Man könne nicht bis zur ordentlichen Pension fliegen. «Die Fliegerei ist keine gesunde Sache und verbraucht.»

Das hat Werni bereits vor seinem 52. Geburtstag gespürt. Per Zufall liess er sich irgendwo den Blutdruck messen. Da habe man ihm gesagt, dieser sei viel zu hoch. Das hat ihn überrascht: «Ich war ja praktisch nie arbeitsunfähig, habe 25 Jahre als Flight Attendant bei Swissair gearbeitet und war nur 23 Tage krank: Nie mehr als zwei Tage abwesend, das macht mir so schnell keiner nach. Sämtliche Flugpläne habe ich behalten und fein säuberlich abgelegt. Ich kann genau rekonstruieren, wann ich wohin geflogen bin. Aber all die Nachtflüge, die Zeitverschiebungen … Manchmal war das nicht einfach.»

Im Frühling 2001 dachte Werni darüber nach aufzuhören. So etwas war bei Swissair möglich, denn mit 57 oder 58 wurde man pensioniert. Wer wollte, konnte sogar fünf Jahre früher aufhören. «Am 7. Juli 2001 wurde ich 52 Jahre alt. Unverheiratet und im Elternhaus wohnend – so dachte ich mir – komme ich gut über die Runden. Zudem bringt die Musik ja auch noch etwas Geld ein. In meinem Kopf hörte es nicht auf zu sinnieren: Werni, hör auf; wenn du die Gelegenheit hast zu gehen, dann geh. So dachte ich fast Tag und Nacht.»

Werni telefonierte Marianne Willi vom Personaldienst und sagte: «Ende Jahr höre ich auf.» Im August kam das Schreiben vom Personaldienst mit den Informationen zum Pensionskassengeld. «Das sah gut aus. Fr. 5004.80, so stand es auf dem Papier. Ich dachte, super, jetzt kann ich etwas anderes machen und habe trotzdem Geld.» 41 Kolleginnen und Kollegen, die alle auch geflogen waren, hatten die gleiche Absicht und teilten schriftlich mit, dass sie per Ende Jahr in Pension gehen wollten.

Und dann kam das Grounding. Und das Ende der Swissair. «Im Schreiben von Marianne Willi war später zu lesen, dass Nachlassverwalter Wüthrich die Pensionskasse um 50 Prozent gestrichen habe. Aber ich hatte ja eine Offerte; schwarz auf weiss. Verbindlich. Fr. 5004.80 bis ans Lebensende. Und dies dank des Swissair-Fonds für das Fliegende Personal! Dann kam

die Information auch noch vonseiten Wüthrichs. Die Rente würde gekürzt. Sie betrug in meinem Fall gerade noch 2225 Franken; auch bis ans Lebensende. Das war die neue Situation.» Marianne Willi habe allen geraten, die Anfrage für die frühzeitige Pensionierung rückgängig zu machen und weiterzufliegen. Wer Familie hatte, Kinder in der Ausbildung und ein Haus, für den sei es eng, sehr eng geworden.

«Im Schreiben von Marianne Willi war später zu lesen, dass Nachlassverwalter Wüthrich die Pensionskasse um 50 Prozent gestrichen habe.»

«Ich wusste sofort, dass das für mich nicht infrage kommt. Ich will nicht mehr fliegen, sagte ich am Telefon zu Marianne Willi. Fast alle haben die Anfrage rückgängig gemacht. Gemeinsam mit sechs andern habe ich mir geleistet, zu gehen. Ich hatte meine Musik. Und habe ja oft auch für Swissair gespielt. Zum Beispiel am Heiligabend im Operation Center – oder am Weihnachtstag, am Morgen, um die ersten Crews zu empfangen. Und ich spielte auch auf den Abschiedsflügen des Jumbos. Wir, die in Pension gingen oder wollten, haben später einen Anwalt genommen. Es war schwierig und die Chance, Recht zu bekommen, gleich null. Es habe kein Geld mehr, hat es geheissen. Aber da waren noch ein paar Millionen im Fonds, und Wüthrich zeigte sich – so wenigstens meine ich mich zu erinnern – nach einiger Zeit einverstanden, dass dieses Geld den damals ehemaligen frühpensionierten Flight Attendants gehöre. Da kam also immerhin später noch etwas Geld. Es war eine einmalige Auszahlung und hat einiges zur Versöhnung beigetragen …»

Nun ist Werni seit sieben Jahren pensioniert und feierte im Herbst 2008 das 25-jährige Jubiläum seiner Band, der «Old-River-Town-Jazz-Band». Er selbst spielt Posaune, Akkordeon, Baritonhorn und Keyboard. Als Alleinunterhalter spiele er Jazz, Oldies, aber auch Volksmusik – mit Gesang, und zwar vorwiegend an Wochenenden im In-, aber auch im nahen Ausland.

Musik hat ihn immer begleitet und sein Leben – auch sein Fliegerleben – geprägt. Gemeinsam mit einer Schwester und einem Bruder ist er in Frick aufgewachsen. Die Eltern hatten ein Herren- und Damenkonfektionsgeschäft. Die Mutter sei musikalisch gewesen, habe diatonische Handorgel gespielt. So kam auch Werni zu diesem Instrument, und später zum chromatischen Akkordeon. Liebend gerne hätte er Musik studiert. Das jedoch sei kein Thema gewesen. Der Vater habe gesagt: «Man lernt etwas Rechtes», und so ist er Heizungszeichner geworden und arbeitete vier Jahre in diesem Beruf. Während dieser Zeit erwarb er sich berufsbegleitend das Handelsdiplom bei der AKAD. Und später jobbte er einen Winter lang als Skilehrer im Engadin, bevor er nach England ging, um Englisch zu lernen. Ans Fliegen hat er nie gedacht. Nie. Aber irgendwann später, da gab's eine Wende: «Wir wohnten in Frick neben einem Hotel. Da habe ich als kleiner Junge zusammen mit den Kindern der Hotel-Familie Kartoffeln geschält und abgewaschen. Einer von den Jungen, Hanspeter, wurde

Koch. Später ging er zur Kantonspolizei in Zürich. Und in jener Zeit besuchte ich ihn einmal in Kilchberg. Er hatte eben den ersten ‹Tiger-Kurs› – die Spezial-Ausbildung für einen befristeten Einsatz als Sicherheitsperson an Bord – absolviert und schwärmte vom Fliegen. Wenn er nochmals wählen könnte, würde er Steward werden, sagte er zu mir. Von jenem Moment an interessierte mich das Thema. Ich ging nach Frankreich und meldete mich danach für die Aufnahmeprüfung an. In Französisch bin ich durchgefallen und arbeitete deshalb später im Bahnhofbuffet in Genf, um meine Sprachkenntnisse noch aufzubessern. Beim zweiten Anlauf hat's geklappt: Am 6. Juni 1977 begann ich bei Swissair.»

Werni ist damals schon als Musiker aufgetreten. Und wollte dieses Hobby auch weiterpflegen. Der unregelmässige Dienst und die monatlichen Einsatzpläne verunmöglichten aber eine längere Planung. Und so musste er kreativ ans Thema, denn sonst gab's keine Lösung. «Es war ein schwieriger Kampf, dem Personaldienst klarzumachen, dass ich weiterhin regelmässig Musik spielen wollte. Und dafür an den Wochenenden frei brauchte, das heisst vor allem am Samstag. Immerhin hat man mich darauf aufmerksam gemacht, dass dies funktionieren könnte, wenn ich eine Ausbildung mache. So besuchte ich berufsbegleitend das Institut für Kaderschulung in Basel, bekam dafür samstags immer frei und konnte am Abend mit meiner Musik unterwegs sein. Aber nach Beendigung der Schule war das Problem noch nicht gelöst. Ich bat erneut um einen Spezial-Einsatzplan und offerierte dafür 35 Tage von meinen Ferien. So flog ich über viele Jahre 50 Wochen pro Jahr und bezog lediglich zwei obligatorische Ferienwochen. Dafür bekam ich den Spezial-Einsatzplan, was bedeutete, dass ich zu 90 Prozent auf Nord-Atlantik-Flügen arbeitete und dafür Samstag und Sonntag frei hatte. Das war der Preis für mein Doppelleben. Für meine Musik. Für mein Fliegen. Ich war eben ein fliegender Sonderfall.»

> «So flog ich über viele Jahre 50 Wochen pro Jahr und
> bezog lediglich zwei obligatorische Ferienwochen.»

Der Jumbo war sein Lieblingsflugzeug. Über Jahre hat er dort im First Class Galley, der Bordküche für Erstklasspassagiere, gearbeitet. Über 300 Mal in New York, habe «Der Fricktaler» in einer Reportage über ihn geschrieben. Auf einem Nord-Atlantik-Flug ist er einmal Jimmy Carter begegnet, als jener von Israel, wo er als Wahlkampfbeobachter im Einsatz war, nach Amerika zurückreiste. «Er war auf dem Flug nach Atlanta und arbeitete auf 10 000 Metern Höhe an seinem Laptop. Plötzlich kam er ins First Class Galley und verlangte Strom für seinen Akku. Da habe ich ihm auf die Schulter geklopft und gesagt: ‹Mister President, I'm going to do that for you …›»

«Jumbo»! Wenn Werni den Namen ausspricht, leuchten seine Augen: «Das war noch fliegen, einzigartig, diese Flüge! Einzigartig auch dieses Flugzeug.» Die Fliegerei ein riesiger Traum. Und zugleich eine einzigartige Chance, sein Musikerdasein zu perfektionieren und

etablieren. Auf den letzten Jumboflügen – 1999 – hat er gespielt, am Jumbo-Abschiedsfest war er engagiert, und er erinnert sich an das Finale des grossartigen Anlasses, bis die Nachricht kam, ein Crossair-Flugzeug sei über Nassenwil abgestürzt. Da seien Freud und Leid innert Sekunden aufeinandergeprallt.

Den grössten Teil seiner Swissair-Zeit erlebte er als positiv und immer in wunderbarster Ergänzung zu seinem Zweitberuf als Musiker. Dass sein Berufsleben am Ende nicht so harmonisch war, ist eine Tatsache, an der es nichts zu ändern gibt. Eine, die ihm – wenigstens anfänglich – happig zugesetzt hat.

Während er übers Grounding spricht, werden seine Gesichtszüge ernster: «Es war ein Dienstag. Ich war auf Europaflügen eingeteilt. Morgens um 07.30 Uhr Abflug nach Düssel-dorf, um 11.30 Uhr wieder Landung in Zürich. Als das Flugzeug parkiert war und die Passagiere im Bus waren, wollten wir uns für die nächste Destination, Paris, vorbereiten. Aber dann kam ein Tankwart und sagte zum Captain: ‹Sie können zusammenpacken. Es gibt keinen ‹Most›. Die Swissair hat kein Geld mehr.› Ich dachte an unseren Paris-Night-Stop. Wir gingen alle ins Operations Center, und was uns da erwartet hat, ist unvorstellbar. Und kaum zu beschreiben. Kolleginnen und Kollegen, die ausser sich waren, weinten. Ein riesiger Andrang vor der Depositenbank, Menschen, die ihr Geld beziehen wollten … Es waren chaotische Momente, und keiner konnte zum damaligen Zeitpunkt wirklich ermessen, was das alles zu bedeuten hatte und noch weniger, was kommen würde. Ich erinnere mich genau an jenen Chef, der um etwa 16 Uhr zu den Leuten sagte, sie sollten sich beruhigen, nach Hause gehen und am nächsten Tag nach Plan arbeiten …»

Werni ging in Pension, konnte aber bis zum 31. März noch seine Freiflüge abfliegen. «Am 31. März 2002 bin ich mit dem letzten Flug von Düsseldorf nach Zürich geflogen. Und da wusste ich: Nun ist es vorbei.»

Er erzählt, wie der ehemalige Crossair-Mann und Swiss-Chef André Dosé den pensionierten Swissairlern die Freiflüge gestrichen hat. Dafür habe man ja gearbeitet, weil man fliegen wollte. Einfach fliegen. Immer. Und dann wird Werni ziemlich emotional: «Das Schlimmste war dann das Gerichtsurteil in Bülach. Dass die alle frei kamen. Tatsache ist doch, dass die Swissair sich nicht einfach aufgelöst hat … Jemand ist schuldig, dass diese ‹Fliegende Bank›, so hat man Swissair über Jahre bezeichnet, kaputtging. Nein, Mario Corti ist sicher nicht schuldig. Die Krise begann in den Neunzigerjahren. Philippe Bruggisser ist der Hauptschuldige. Und der Verwaltungsrat hätte die Notbremse ziehen müssen. Aber niemand tat etwas, und so gab es diesen Eklat. Und schliesslich kamen alle fein säuberlich davon. Ja, Bruggisser ist locker davongekommen. Es gibt viele Menschen, über die kam wegen dieser riesigen Geschichte grosses Leid. Mitarbeitende, die mit Leib und Seele Swissair waren und sich mit der Firma identifizierten. Eine Katastrophe ist das. Wird es immer bleiben.»

«Ja, Bruggisser ist locker davongekommen. Es gibt viele Menschen, über die kam wegen dieser riesigen Geschichte grosses Leid.»

Dass der Interview-Termin für dieses Buch auf den dritten September 2008 fiel, ist Zufall. Zehn Jahre nach Halifax. An jenem Unglückstag fotografierte Beat Pfändler seinen Arbeitskollegen Werni Nussbaum. Man habe an diesem Tag nicht helfen können. Und er sei froh gewesen, dass der Termin Wochen früher festgelegt worden sei. Er habe immer gewusst, dass die Fliegerei mit Risiken und Gefahren verbunden sei: «Jetzt hat es eben uns erwischt», habe er gedacht und sich trotzdem nicht vorstellen können und wollen, dass es wirklich so war. Drei Tage später sei er wieder nach Amerika geflogen. «Ich musste auf den Flug. Wollte mich nicht abmelden. Die Flieger mussten raus. Die Kunden hatten dafür bezahlt.»

Werni hat Distanz gewonnen. Heute möchte er nicht mehr fliegen. Ist dankbar, dass er seiner Mutter, wenn diese ihn braucht, zur Verfügung stehen und die dafür nötige Zeit für Einkäufe, Ausfahrten oder gemeinsames Essen aufbringen kann. Auch für sein Musikerleben hat er mehr Zeit. Drei CDs sind schon realisiert. Eine vierte ist in der Pipeline: «Let's swing, let's dance …» «Der fliegende Sonderfall» spielt auch ohne Swissair weiter. Doch nun an allen Wochentagen, sofern er Aufträge hat. ‹

INES VILLALAZ-FRICK
WERTE EINST UND JETZT

«Fliegen für Swissair hatte für mich einen grossen Stellenwert. Daher empfand ich das Grounding als tiefen Einschnitt. Doch die wohl grösste Veränderung bedeutete später die Geburt meiner Tochter und die Herausforderung, Mutterschaft und Beruf unter einen Hut zu bringen. Das Leben mit einem Kind macht mir tagtäglich Werte bewusst, die ein Berufsleben überdauern.» Ines Villalaz-Frick ist Mutter einer sechsjährigen Tochter. «Ein Wunschkind.» Es sei aber nicht immer einfach, das Mutterdasein mit dem Traumjob zu verbinden. «Meiner Tochter widme ich den Hauptteil der Freizeit.» Ist Captain Villalaz unterwegs, wird die Tochter von einer Tagesmutter betreut. Fliegen in einem sich ständig verändernden Umfeld sei nach wie vor faszinierend und eine grosse Herausforderung. 1986 – zu Beginn ihrer Pilo-

tenausbildung – war das Swissair-Cockpit noch mehrheitlich männlich besetzt. Im Anschluss an ihre fliegerische Ausbildung absolvierte sie eine Zusatzausbildung zum Bordtechniker und flog dann als Flight Engineer auf dem dritten Sitz im Cockpit der McDonnell Douglas DC-10. Im Jahr 1992 folgte die Umschulung zur Copilotin auf Fokker F100. Danach flog sie MD-11, bevor im Jahr 2000 das Upgrading zum Captain auf Airbus A320 folgte. Seither trägt Ines Villalaz-Frick die volle Verantwortung als Captain an Bord. ❮

MICHIKO UMEDA
«MAN MÖCHTE WISSEN, UM ZU VERSTEHEN.»

Farbige Herbstblätter wirbeln durch die Luft: Tokio im November. Unweit vom Shinjuku Bahnhof, wo sich täglich bis zu vier Millionen Menschen kreuzen, liegt das Kaufhaus «Takashimaya» mit 15 Stockwerken. Dort wartet Michiko Umeda in einem Restaurant, um über ihre Zeit bei Swissair zu erzählen. Eine emanzipierte Japanerin, weit gereist, welterfahren und wortgewandt. Zurückgekehrt in das «Land der aufgehenden Sonne», arbeitet sie heute erfolgreich als Businessfrau, wiederum in der Airline-Branche. Und geniesst in Tokio den Japan-Lifestyle mehr als während ihrer dortigen Studienjahre. Geprägt von einer Kindheit in Amerika, war sie nie eine Japanerin wie alle andern, sondern immer auch noch ein bisschen jenem Land verpflichtet, in dem sie gelernt hat, dass alles möglich ist, wenn man will.

Wenn sie heute gefragt werde, wo sie früher gearbeitet habe, antworte sie mit einem Lächeln: «Bei Swissair.» «Das war die beste Airline der Welt», bemerkten dann oft die Fragenden. Darauf sage sie mit Bestimmtheit: «Das ist sie immer noch: Sie heisst nun einfach Swiss.»

«Ich habe aber nie geglaubt, dass der 11. September 2001 der Grund für den Swissair-Untergang war.»

Michiko, in Tokio geboren und in den USA aufgewachsen, erinnert sich genau an ihre letzte Zeit als Flight Attendant. Und spricht sofort von jenem Ereignis, das weltweit immer von grosser Bedeutung sein wird: «Ich habe aber nie geglaubt, dass der 11. September 2001 der Grund für den Swissair-Untergang war. Andere Airlines haben ja auch überlebt. Das Missmanagement begann viel früher. Wir haben es geahnt, aber nichts gewusst. Und nie hätten wir geglaubt, dass so etwas passieren könnte. Trotzdem, der 11. September war ein riesiger Einschnitt.» Michiko erinnert sich an jenen Tag, als wäre er gestern gewesen. Sie war privat unterwegs in einem Flugzeug von Tokio nach New York. Während sie erzählt, füllen sich ihre Augen mit Tränen: «Plötzlich wurde das Frühstück serviert. Als Flight Attendant kannte ich die Flugzeit und wusste, dass der Service viel zu früh begann. Als ich ein Flight Attendant darauf ansprach, lautete die Antwort, dass wir in zwei Stunden landen würden. Ich sah Schneeberge und fragte mich, wo wir wohl hinfliegen würden. Kurz vor der Landung meldete sich der Pilot und informierte, dass alle Flughäfen in den USA geschlossen seien. Und er sagte, dass dieser Tag für Amerika und die Welt ein sehr tragischer sei.

Nachdem wir in Vancouver, Kanada gelandet waren, forderte uns der Captain auf, dass wir uns über das Inflight System informieren sollen. Als ich hörte, was passiert war, dachte

ich zuerst, dass ich möglicherweise etwas falsch verstanden hätte. Ich schaute meinen Nachbarn an und sagte: ‹I'm sorry, jetzt glaubte ich gehört zu haben, es gebe das World Trade Center nicht mehr.› Er erwiderte, er habe das auch so verstanden. »

In Vancouver seien unglaublich viele Flugzeuge am Boden gestanden, Flughafenbehörde und Immigrationsleute hoffnungslos überfordert. «Es galt, über vier Stunden im Flugzeug zu warten und um ein Vielfaches im Transit. Als ich irgendwann viel, sehr viel später im Hotelzimmer im Fernsehen die ersten Bilder sah, war ich sprachlos: Das kann doch nicht möglich sein, schrie es in mir. Doch was ich sah, war die Wahrheit und schrieb eine neue Weltgeschichte. Aber, ich habe – auch später – keinen einzigen Moment daran gedacht, dass dies der Anfang vom Ende der besten Fluggesellschaft der Welt hätte bedeuten können.»

Als Michiko später – nach ihren Ferien – als Flight Attendant wieder im Einsatz war, realisierte sie, dass der 11. September nicht nur Weltgeschichte, sondern im Hinblick auf die Swissair auch Firmengeschichte schrieb. Man sprach von Wende, vom bevorstehenden Ende. Man verpackte Gerüchte, präsentierte sie als Tatsachen, um wenig später zu versichern, dass alles mehr als ein schlechter Traum sei. Angst regierte die Branche. Buchungszahlen brachen ein. Bei den Airlines war man alarmiert. Auch bei der Swissair, die ja schon länger grosse Schwierigkeiten hatte. Man hätte sich die Wende ins Positive gewünscht. Dass nichts passiert wäre … Aber es kam halt anders: «Anfang Oktober sollte ich dienstlich von Tokio nach Osaka fliegen, um dort meinen Flug Osaka–Zürich aufzunehmen. Doch kurz bevor ich die Wohnung verlassen wollte, hat man mich angerufen und mir mitgeteilt, dass in London Swissair-Flugzeuge am Boden stehen würden, dass man ernste Probleme habe und ich daher nicht nach Osaka fliegen solle. Da vermischten sich Ahnung und Realität zu einem neuen Bild.»

Michiko, Tochter eines Kardiologen und einer Künstlerin, ist in Boston aufgewachsen, wo sie auch die Mittelschule besuchte. Dann studierte sie in Tokio Geschichte und Politik. Im letzten Studienjahr entdeckte sie in der «Japan Times» ein Inserat, in dem Swissair japanische Flight Attendants suchte. Sie hat sich beworben, später vorgestellt und wurde angenommen. Im August des gleichen Jahres folgte die Ausbildung in Kloten. Ein paar Wochen später begann sie ihren Traumjob in den Lüften zwischen der Schweiz und Japan.

«Am Anfang war ich sehr müde, weil ich vor lauter Aufregung nicht schlafen konnte. Mit der Zeit wurde es besser. Ich erlebte absolute Highlights in meinem Berufsleben. Ich ging viel aus. Überall, wo ich war. Begegnete Menschen aus aller Welt, knüpfte Kontakte, pflegte Beziehungen und bin in der Freizeit unendlich viel gereist.»

Michiko profitierte als Flight Attendant davon, günstige Tickets zu bekommen und mehr oder weniger gratis zu fliegen. So flog sie rund zwanzig Mal nach Südamerika. Vor allem aber war sie von Afrika begeistert. Äthiopien, Tansania, Senegal, Niger, Namibia, Madagaskar, Zimbabwe, Côte d'Ivoire hat sie bereist. Zudem erklomm sie den Kilimandscharo, gemeinsam mit Trägern. Dank Swissair, sagt sie, habe sie sich das alles leisten können. Ein bisschen verrückt sei sie und meint, dass sie die Gefahren nie gesehen habe, rückblickend jedoch einsehe, dass diese Abenteuer auch nicht ganz risikofrei gewesen seien. Und Europa? Ihre Antwort kommt schnell: «Ich war überall. Bin für ein Mittagessen nach Mailand geflogen, verrückt, nicht? Aber ich war unglaublich hungrig nach der weiten Welt. Arbeitete als Flight Attendant und genoss meinen Lifestyle und mein Leben.»

Bei der Swissair war die reiselustige Japanerin bekannt. Die Standardfrage lautete denn auch oft: Wo gehst du hin? Wo warst du letzte Woche? Es sei ihre Natur, dass sie alles mit eigenen Augen sehen, alles aus eigener Kraft organisieren, erforschen und erleben wolle. Da sie Boston bereits mit 14 Jahren verlassen hatte, um in Tokio zu studieren, war sie offener, weltgewandter, selbstständiger und auch rhetorisch versierter als ihre japanischen Kolleginnen bei Swissair. «Was ich gemacht habe, ist absolut nicht japanisch: Mädchen, das heisst junge Frauen, bleiben in Japan in der Regel bis zur Heirat im Haushalt der Eltern. Ich jedoch organisierte mein Leben im Alleingang und war unabhängig. Manchmal fühlte ich mich im Herzen mehr als Amerikanerin denn als Japanerin. Das hat sich aber in der Zwischenzeit definitiv geändert …»

> «Judo wird immer ein Teil meiner Person sein: in mir verankert.
> Es macht mich nach wie vor stark, psychisch und physisch.»

Als sie in Tokio studierte, forderten ihre Eltern sie auf, ein Hobby zu pflegen, um etwas Abwechslung zu haben. «Sie dachten, nein, sie waren überzeugt, es müsse etwas sehr Japanisches sein und meinten Tee-Zeremonie, Blumenstecken – also Ikebana – oder Bonsai-Pflege. Aber ich habe Judo gewählt. Sport. Damit entschied ich mich für etwas Traditionelles, was mich tief in die japanische Mentalität eintauchen liess: Respekt vor andern. Gelassenheit üben. Judo, das war für meine Gesundheit hervorragend, denn geistige Achtsamkeit und körperliches Training haben mich geformt und für mein späteres Leben geschliffen. Bei Swissair gab es einen Judo-Club. Diesem bin ich sofort nach der Ausbildung beigetreten. Doch die unregelmässigen Arbeitszeiten waren nicht ideal, und ich trainierte weniger, als noch in Tokio. Trotzdem: Judo wird immer ein Teil meiner Person sein: in mir verankert. Es macht mich nach wie vor stark, psychisch und physisch. Oder sagt man mental? Auf jeden Fall ist es diese Kombination, die mich stärkt. Und Stärke, das brauchen wir fürs Leben, denn dieses ist anspruchsvoll.»

Sie war sicher, dass die Airline überleben würde. «Schliesslich bin ich Optimistin. Aber als ich dann nach dem Grounding wieder arbeitete, sassen manchmal 20 Passagiere in der Touristenklasse. Und in der Businessclass waren nur ein paar vereinzelte. Nicht nur ich, sondern alle Crew-Mitglieder haben gespürt, dass das Vertrauen in die Swissair verloren gegangen war. Man stelle sich vor, dass Kunden aus aller Welt unsere Airline wählten. Und dann hat man sie betrogen: nicht nur die Kunden – auch die Mitarbeitenden. Ich war sehr wütend und unglaublich enttäuscht. Die meisten Passagiere zeigten viel Verständnis und Sympathie für uns, als wir in praktisch leeren Flugzeugen zu arbeiten hatten. Sie blätterten in den Zeitungen und haben gelesen, was Sache ist. Manchmal sagten sie: ‹Es tut uns so leid.›»

«In solchen Momenten fühlte ich mich schlecht und konnte doch nichts sagen. Bei Swissair als Flight Attendant zu arbeiten, erfüllte mich mit grossem Stolz. Ich denke, alle waren stolz darauf, in dieser Firma tätig zu sein. Doch am Ende wünschte man manchmal, sich verkriechen zu können. Zum Beispiel, wenn Kunden, während wir das Essen verteilten, sagten: ‹Dieser Service wird jetzt von unseren Steuern bezahlt.› Das hat wehgetan.»

Bis März 2002 sollte die Swissair fliegen. Zusammen mit 80 anderen Flight Attendants aus Japan erwartete Michiko den letzten Flug. Der Schock über das abrupte Ende war gross. Traurigkeit machte sich breit. Doch für Michiko kam es anders. Swiss wurde gegründet. 40 japanische Flight Attendant bekamen die Kündigung. Und 40 durften bleiben. Sie gehörte zu den Glücklichen, die bleiben durften. Und war doch nicht restlos zufrieden. «Als Swiss ihren Dienst aufnahm, waren wir Kabinenleute nicht glücklich. Wir fühlten uns zu sehr mit der Swissair verbunden. Es galt, den neuen Namen und das neue Logo zu akzeptieren. Schlecht verdienende Mitarbeitende, Kolleginnen und Kollegen wurden entlassen. Ein teures Management – mehrheitlich aus der ehemaligen Crossair – blieb erhalten. Ich habe nie begriffen, wie diese Firma hätte rentabel wirtschaften sollen. Und in jener Zeit dachte ich das erste Mal ernsthaft darüber nach, etwas anderes zu tun.»

Ein gutes Jahr später stand die Firma mit dem teuren Logo nahe am Abgrund. Wieder wurden Mitarbeitende entlassen. Dazu gehörten zehn Japanerinnen. Nun traf es auch Michiko. Sie war traurig und trotzdem bereit, zurück nach Japan zu gehen.

«Genau in jener Zeit war mein Vater an Krebs erkrankt und ich ahnte, dass er nicht mehr lange leben würde. So habe ich quasi meinen letzten Flug herbeigesehnt. Doch mein Vater ist leider zehn Tage vorher gestorben. Das war sehr schlimm für mich. Ich konnte jene Begleitung, die ich ihm hätte geben wollen, nicht mehr realisieren. Das war eine sehr harte Zeit.»

Zurück in Tokio arbeitete sie kurze Zeit bei einer japanischen Airline. Doch der ständige Vergleich mit der Swissair machte den Alltag unmöglich. «Ich wechselte zu einer Food-Technologie-Firma, bei der ich für Marketing, Promotion und den Verkauf verantwortlich war. Hier habe ich viel gelernt. Und arbeitete von Montag bis Freitag in der Regel bis 2 Uhr in der Frühe. Es war sehr streng. Aber so arbeiten Japaner nun mal. Nach anderthalb Jahren war ich völlig ausgebrannt und suchte eine neue Stelle. Für mich war klar, dass ich mich wieder für eine Airline engagieren wollte.»

Es hat funktioniert: Michiko arbeitet heute als Account Manager für eine Fluggesellschaft, betreut Kunden und begleitet diese zum Golfspielen. Die Zeit für Judo ist knapp geworden. Doch im Herzen sind Kampfgeist und Gelassenheit präsent geblieben. Zudem ist die Freude an der Arbeit wieder zurückgekehrt. Und endlich hat sie sich auch vom Swissair-Schock erholt. Etwas jedoch scheint noch nicht ganz verkraftet zu sein: Dass ihr – und wahrscheinlich allen Mitarbeitenden – kein Mensch je erklärt habe, was wirklich passiert sei, warum es so weit habe kommen können, das kann und will sie bis heute nicht verstehen. «Man hatte eine Ahnung, aber man möchte wissen, um zu verstehen …»

Trotzdem: Komplimenten für die beste Airline der Welt begegnet sie nach wie vor mit einem Lächeln. Und mit einer typisch japanischen Verneigung. «Was war, ist neu geworden und bietet heute die gleiche Qualität. Heisst Swiss. Versöhnung hat stattgefunden. Meine Traumfirma fliegt weiter.» ❮

PETER STAUFFER
«SCANDALOSISSIMO»

«Nie, never ever in my live hätte ich gedacht, dass es eines Tages eine derart gute Firma wie die Swissair nicht mehr gibt. Sämtliche Kontrollorgane haben versagt. Und wie borniert man das in der Schweiz beurteilt hat. Das ist und bleibt ein Skandal. Noch mehr: ‹scandalosissimo› wäre die Wortschöpfung.» Peter Stauffer hat die Swissair schon 1999 verlassen, nachdem er zehn Jahre als Flight Attendant in der Luft war. Eher zufällig war er zu diesem Job gekommen. Und hatte riesig den Plausch; am Fliegen, an der Welt und an seiner Swissair. Doch zwei Herzen, ach, in seiner Brust, schlug das zweite nicht weniger stark, und zwar für die Musik. Gesungen hat er schon immer. In Florenz studierte er klassischen Gesang. Spezialisierte sich auf geistliche Musik. Singt Messen, Kantaten, Oratorien und Lieder. Mit Vor-

liebe Monteverdi und Bach, Schubert und Debussy. Grosse Kirchen kennt er von innen, weil er oft in solchen konzertiert hat. Bei allem, was der in Bern lebende Tenor tut, fliesst Herzblut. Deshalb braucht er neben seiner Musik, den Gesangsstunden, der Mitarbeit an Jazzfestivals in Ascona und Bern oder seiner Arbeit im Berner Musikhaus Krompholz auch immer wieder Ruhe. Stillsein. Und In-sich-Gehen. Was ihn kräftigt. Und erfüllt. ❮

FRANZISKA THOMANN SCHELLENBERG
WOLKEN ZIEHEN – WASSER FLIESST

Japan war bereits vor ihren Flugjahren ein grosses Thema. Und ist es auch heute noch. Gedanken an das «Land der aufgehenden Sonne» sind fast immer da, denn ein Leben ohne Grüntee kann sie sich nicht vorstellen. Er gehört zu ihrem Alltag wie das japanische Frühstück, Miso- oder Nudelsuppe. Dass ihr Mann für sie im Schweinestall eine Sushi-Bar eingerichtet hat, ist mittlerweile weitherum bekannt.

Franziska Thomann, Schweizerin mit Berner Wurzeln und einem «japanischen Herzen» lebt in Winkel bei Bülach. Im traditionellen Bauernhaus, in dem sie mit ihrer Familie lebt, sind die Türen offen: um in eine Teestube einzutauchen und über Land, Leute, Kultur, Geist und die Anmut Japans zu sprechen. Oder auch über die Fliegerei und Franziskas Zeit bei Swissair. Jahre sind es her, Distanz heisst die Brücke. Doch wer den Flughafen vom Schlafzimmer aus sieht, ist – irgendwie – immer ein bisschen bei den Airlines.

«Mu-Shin» – frei sein von Gedanken. Loslassen. Gelassenheit. Geläutert auch. Leer: So die Interpretation des Zen-Spruches, der auf dem Tisch liegt. Der japanisch gefärbte Alltag – verbunden mit dem traditionell schweizerischen Wochenplan: Ein Kompromiss für die ganze Familie, weil es gilt, den Ansprüchen aller gerecht zu werden. Ihr Mann Markus lässt ihr diese für sie so wichtige Welt. Ihre zwei Kinder wachsen damit auf.

In Bauernhäusern in Japan hängt ein Kessel oder eine Pfanne über der Feuerstelle, «Irori» genannt, die im Wohnzimmerboden vertieft eingebaut ist. Eine solche Feuerstelle – jedoch ohne Vertiefung – ist der Mittelpunkt in der Stube von Franziska und ihrer Familie. «Gottlob ist mein Mann tolerant. Er war auch schon in Japan. Ansonsten hat er wenig mit dem ‹Land der aufgehenden Sonne› zu tun. Aber er lässt mir mein Japan, das für mich so wichtig ist.»

«Und neben dem Herzen für Tee pulsiert jenes für Kalligrafie.
Kunst und gleichzeitig Tradition im alten wie im neuen Japan.»

In der japanischen Tee-Schule gebe es viele Stufen. In der «Ura-Senke-Tradition» hat Franziska das Zertifikat, auf der untersten Stufe zu unterrichten, erworben. Doch mehr als der Unterricht bedeutet ihr das gemeinsame Teetrinken. Den Tee-Weg gehen: Pfad der Achtsamkeit. Demut und Stille. Und neben dem Herzen für Tee pulsiert jenes für Kalligrafie. Kunst und gleichzeitig Tradition im alten wie im neuen Japan.

Angefangen hat alles in Franziskas Kindheit. Samen für das Jetzt wurden in den Nachkriegsjahren in Tokio gesät. Franziskas Vater war Elektroingenieur bei Contraves und reiste

dank seiner Position viel herum. Auch nach Japan. Japanische Holzschnitte, die er von dort nach Hause brachte, blieben, im Gegensatz zu anderen Dingen, eingerahmt an den Wänden hängen. «Es gab auch eine japanische Papierlampe. Und Hunderte von Dias. Er hat das traditionelle Japan der Fünfziger- und Sechzigerjahre nach Hause gebracht. Deshalb dachte ich schon als Kind, dass ich das auch einmal sehen möchte. Aber natürlich war Japan damals viel zu weit weg. Und so spielte ich mit Fächern und Musik ‹Japanerlis›, was sich dann scheinbar über Jahre in mir – in der Tiefe meiner Seele – weiterentwickelt hat.»

Franziska ist in Rüti bei Winkel – gemeinsam mit zwei älteren Schwestern – aufgewachsen, hat dort die Schulen besucht. Irgendwann in der Oberstufe hat sie den Japanern den Rücken gekehrt und begann sich für die Indianer zu interessiere, hat in der Schule Vorträge gehalten und wusste, dass sie später zu diesen wollte.

Nach Abschluss ihrer Lehre als Dekorationsgestalterin im noblen Zürcher Kleidergeschäft «Robert Ober» reiste sie für einen Sprachaufenthalt nach San Francisco. Nachdem sie dort das Fremde genossen hatte, erlaubte sie sich einen Abstecher ins «Pine Ridge Indian Reservation» in Süd Dakota. Faszinierend erlebte sie diesen Aufenthalt. Aufgewühlt hat er sie – im guten Sinne. Aber, es gab doch einen Schnitt: Wieder zurück in San Francisco, besuchte sie den Stadtteil Japan-Town. «Dort habe ich Sushi gegessen. Und beschlossen, dass meine nächste Reise nach Japan geht. Japaner oder Indianer, das war ein, mein grosser Kampf …»

Sie wechselte die Stelle und wurde Teil des Handwerkerteams im Museum für Gestaltung. In jener Zeit sah sie in einem Restaurant in Kloten Bilder von Kalligrafien. «Ich war sehr begeistert und wusste sofort, das will ich lernen.» Als sie zu Hause davon erzählte, brachte ihr Vater die dazu notwendige Tusche und Pinsel. Er hatte das kleine Set über 30 Jahre an einem sicheren Ort aufbewahrt. «Er erzählte, dass, als er 1958 in Tokio, wo er arbeitete, ein japanischer Mitarbeiter sich über Mittag jeweils mit Tuschmalerei, auf Japanisch ‹Sumi-e›, beschäftigt habe. Dieser Mann habe ihn animiert und zugleich inspiriert und ihm – quasi zur Ermunterung – eben dieses Set mit Pinsel und Tusche geschenkt.»

Franziska begann zu recherchieren, wo sie sich dieses Handwerk aneignen könnte. Und wusste sofort, dass sie diese Kunst in Japan lernen wollte. «Man sagte mir, wenn du nicht Japanisch kannst, kannst du es vergessen. So habe ich sämtliches Lehrmaterial gekauft und begann eisern, japanische Wörter zu lernen. Der Zufall wollte es, dass in Rüti bei Winkel eine Japanerin lebte, die unterrichtete. Sie gab mir nicht nur Sprachstunden, sondern bereitete mich auch auf meine lang ersehnte Reise vor. Einen Monat wollte ich in Kanazawa verbringen, im Eurocenter, dann zwei Monate reisen.»

1991 ist Franziska mit der Korean Airways via Seoul nach Japan geflogen. «Das war ein solch einschneidender Moment in meinem Leben …» Während sie erzählt, kommen ihr die Tränen. Sie ist vom Wahrwerden des einstigen «Japanerspiels», das sie als kleines Mädchen praktizierte, nachhaltig berührt. «Ich kam in Osaka an. Hatte kein Hotel. Dachte, wo ist das Japan, das ich suche? Eine Japanerin hat mir geholfen, ein Hotel zu finden. Zeigte mir, wie man ein Ticket löst. Einmal im Hotel angekommen, wäre ich am liebsten wieder zurückgekehrt. Aber am nächsten Tag besuchte ich den ersten Tempel. Und an diesem heissen Tag habe ich einen Reibstein für den Tusch gekauft. Auf Japanisch habe ich ihn gekauft. Und war plötzlich derart überwältigt, dass ich drei Tage lang nichts mehr essen konnte.»

Später fuhr sie nach Kanazawa, wo ihre Gastfamilie sie erwartete. «Sie haben mich abgeholt und brachten mich nach Neagari-machi, eine halbe Stunde ausserhalb der Stadt. Es war eine unglaublich gute Zeit. Und die Familie war mehr als nett. Mehr als eine Gastfamilie. Sie wurde mir zu einem zweiten Zuhause: Ich habe die Frau ‹O-Kasan›, Mutter, genannt. Als ich später auf Reisen ging, durfte ich mein Gepäck in Kanazawa zurücklassen. Ich nahm die Fähre über das Japanische Meer von Niigata nach Otaru (Hokkaido). In Sapporo lebte eine Bekannte meiner Mutter, eine Japanerin, die Jahre zuvor bei ihr in der Schweiz jeden Mittwoch in die Klöppelstunde gekommen war. Und heute – eben in Sapporo – eine Klöppelschule hat. Herrlich war diese Begegnung. Das war der erste Teil meiner Reise. Der zweite führte mich nach Iwama in die historische und sehr bekannte Aikido-Schule des Meisters Morihiro Saito-Sensei, eine halbe Stunde ausserhalb Tokios. Zehn Tage übte ich dort unter strengsten Vorschriften die Philosophie des Aikido. Ja, das war eine aufregende, intensive und unglaublich gute Zeit. Die drei Monate Japan, die haben mich für den Rest meines Lebens geprägt.»

1993 reiste Franziska wieder nach Kanazawa. Wieder für drei Monate. Wohnte bei einer Ikebana-Meisterin und genoss wohl den besten Unterricht in der Kalligrafie-Schule von Omote Ritsuun Sensei (Sensei heisst Lehrer). «Da nahm es mir den Ärmel rein.» Zurück in der Schweiz begann sie am Ostasiatischen Seminar der Universität Zürich mit Privatstunden bei Suishu T. Klopfenstein-Arii Sensei.

Die Arbeit als Dekorationsgestalterin bei Manor befriedigte nicht. Franziska wollte weg. Wollte Flight Attendant werden. Reisen. Bewarb sich bei der damaligen Balair/CTA. Konnte sogleich mit dem Grundkurs beginnen, das heisst, am 2. August 1994 begann ihr neues Leben. Als die Chartergesellschaft aufgelöst und in die Swissair integriert wurde, musste sie sich neu bewerben. Wurde aufgenommen. Und durfte weiterfliegen. «Am Anfang war das schrecklich. Alles war viel grösser. Man kannte die Leute nicht mehr. Aber es gab etwas, das mich festgehalten hat: die Aussicht auf einen Japanflug. Ich habe geweint vor Freude, als ich zum ersten Mal beruflich nach Tokio geflogen bin. Konnte es kaum glauben, dass ich dorthin flog, wo meine Seele ihre Heimat gefunden hatte. Und erst noch beruflich, das heisst, ich habe dafür noch Geld bekommen. In Kyoto hat mich Beat Pfändler fotografiert, bei Jack Convery, dem Teemeister in Kyoto. Ich habe noch heute Kontakt zu Jack. In seinem Haus

Gast zu sein, das ist wie auf einer Insel zu leben. Ausser den Japanflügen hat mich in der Fliegerei irgendwann nichts mehr richtig befriedigt. Aber ich wollte noch auf den Fuji-san – und das habe ich auch geschafft. Ein einzigartiges Erlebnis.»

Seit Juli 1994 ist Franziska verheiratet. 1999 wurde sie schwanger. Ist jedoch noch geflogen, bis Lukas geboren wurde. Das heisst, während des Schwangerschaftsurlaubs schrieb sie die Kündigung für Juli 2000. «Als Mutter und Hausfrau war und bin ich absorbiert. 2001 wurde Rahel Hanae geboren. Persönlich war ich plötzlich an einem ganz anderen Ort als die Jahre zuvor in der Fliegerei. Darum habe ich das Grounding und das Ende der Swissair auch aus Distanz erlebt, obwohl ich neben dem Flughafen wohne. Meine Schwiegereltern erzählten mir damals, dass am Flughafen nichts mehr gehe. Ich konnte es kaum glauben. Aber ich war – obwohl so nahe beim Geschehen – näher bei meiner Familie. Es hat sich eben etwas verändert in meiner Lebenskonstellation …»

Den Grounding-Film wollte sie eigentlich gar nicht anschauen. Dann sah sie ihn doch, und seither muss sie ihn immer wieder sehen. «Mein Mann fragt mich oft, ob ich etwas verarbeiten müsse. Es war, ist ja alles wie ein Albtraum. Aber für mich ist die Fliegerei kein Thema mehr. Ich habe meine Familie.»

Trotzdem kitzle sie manchmal der Wunsch, wieder einmal in einer Hotelbar zu sitzen. Dort einen Apéro zu trinken. Menschen zu sehen. Und den Duft der grossen weiten Welt einzuatmen. Erinnerungen an eine Zeit, die nie mehr komme. «Ich gehe zum Flughafen in den Bücherladen. Oder zum ‹Sprüngli›. Dort ist Welt. Wenigstens für mich.»

«Mit einem Bein bin ich immer in Japan. Immer.»

Im Moment fliege sie nicht nach Japan, sagte sie bei unserem ersten Gespräch. Dann die Wende: Im November 2008 unverhofft ein Spontanbesuch von acht Tagen. Sie ist überglücklich: «Mit einem Bein bin ich immer in Japan. Immer.»

Kalligrafie begleitet Franziska im Hier und Jetzt. Mittlerweile geht sie seit 14 Jahren zu Frau Klopfenstein. Trotzdem findet sie in letzter Zeit wenig Ruhe, um sich der Kalligraphie, dem «Sho do», das heisst dem Schreibweg, zu widmen: «Wenn man nicht gelöst ist, geht es nicht. Alle japanischen Wege bedeuten, nichts zu denken. Wenn man glaubt oder die Absicht hat, etwas müsse schön sein, ist es die Hölle. Sich einlassen. Lösen. Das sind die Grundbegriffe.»

Zen lebt sie verinnerlicht. So gut es geht im Alltag integriert. Im Gegenstandslosen erklärt sie sich das Suchen der Welt. «Mu-Shin» – ohne nichts: frei sein von Gedanken. Kalligrafie verlangt nach Ruhe. Stillsein. Obwohl sie als Mutter zurzeit die geforderte Ruhe nur schwer findet, wünscht sie sich im Estrich ein Kalligrafie-Atelier. Und das Weiterbestehen ihrer Sushi-Bar fürs Dorffest und andere Spezialanlässe. Für Gäste und deren Wohlbefinden gibt sie alles: Mit dem Können einer ehemaligen Flight Attendant, dem Herzen einer Japanerin und der Seele eines Teemenschen: Wolken ziehen – Wasser fliesst. ◀

URS BROSY
STILLE GENUGTUUNG

«Ich gehöre wohl zu den wenigen Menschen, die sich auch etwas gefreut haben. Natürlich war ich auch betroffen. Und es schmerzte. Doch es hat ja alles schon viel früher begonnen: diese Selbstherrlichkeit. Diese Überheblichkeit. Und diese Arroganz. Ein Management, das sich masslos überschätzte.» Man habe gefühlt, dass es nicht gut komme mit diesen Einkäufen. Aber wenn man etwas gesagt habe, sei man bloss ein kleiner Nichtwisser gewesen. Der studierte Bauingenieur, der vor Jahren noch öfter auf den Bau ging und heute in seiner Freizeit in seinem Büro in Herdern bei Frauenfeld wirkt, ist während rund 20 Jahren 100 Prozent geflogen. Nun hat er reduziert. «Früher konnte man in der Fliegerei Karriere machen. Man hatte einen ansprechenden Lohn, eine gute Pensionskasse. Doch heute ist Fliegen ein Knochenjob

ohne Perspektiven. Die Zäsur begann bereits in den Neunzigerjahren. Mitarbeitende galten als zu minimierender Kostenfaktor. Geld wurde und wird auch heute noch lieber für wohlklingende Programme und Hochglanz-Versprechen ausgegeben als in die Mitarbeiter investiert.» Dass er den Job heute mit anderen Augen betrachte, daraus macht er keinen Hehl. Doch Fliegen begeistert ihn nach wie vor. Die Arbeit. Die Kunden. Die Kollegen. Die Welt. Daran hat sich nichts geändert. ❮

MARK FISCHBACHER
MALEN ALS SPIEGELBILD DER SEELE

Sein Herz gehört dem Malen. Noch intensiver als früher, denn er hat mehr Zeit. Fliegen vermisst er nicht, obwohl er 33 Jahre als Flight Attendant für Swissair in der Luft war und noch vor dem Niedergang der Airline pensioniert wurde. Trotzdem erhoffte er sich, dass er im Pensionsalter zu günstigen Konditionen seine Lieblingsdestinationen nochmals besuchen könnte. Doch so hat es die neue Firma nicht organisiert: «Die Bedingungen sind derart miserabel, dass es sich nicht lohnt. Man steht immer zuletzt auf der Warteliste, hat keinerlei Prioritäten mehr und fährt besser, wenn man ein Ticket kauft. Dadurch kriegt man einen reservierten Platz und weiss, dass man sicher mitkommt. Frustrierend ist das schon, wenn man ein halbes Leben lang in diesem Metier alles gegeben hat.» Doch etwas begleitet Mark Fischbacher im Leben. Seit er pensioniert ist noch mehr: Malen, seine Leidenschaft. «Hätte ich einen andern Beruf ausgeübt und nur an den Wochenenden frei gehabt, hätte die Malerei möglicherweise eine andere Gewichtung erhalten.»

Malen, das bedeute für ihn, intensiv an seinen Themen zu arbeiten. Dank der Langstreckenfliegerei, bei der man früher mehrere Tage unterwegs war und dann wieder einige freie Tage zu Hause geniessen konnte, lebte er während seines Berufslebens einen einzigartigen Kontrast zwischen zwei Welten. Dadurch schaffte er sich den nötigen Ausgleich, was bedeutet, dass er – zurückschauend – sein Fliegerleben einzigartig und spannend zugleich fand. «Vielleicht nahm ich mir für meine Familie zu wenig Zeit. Aber mehr als ich gab, lag nicht drin, um alles unter einen Hut zu bringen. Möglicherweise hätte ich beim Fliegen reduzieren müssen. Aber ich dachte an die Zukunft. Wenn man pensioniert ist und Teilzeit gearbeitet hat, fällt man mit der Rente zurück. Natürlich habe ich immer noch die Malerei. Aber Kunst machen und sie verkaufen, das sind zwei Paar verschiedene Schuhe …»

Mark beklagt sich nicht. Er spricht von vielen guten – aber auch von einigen mageren Jahren. Und vor allem davon, dass sich Kunst heute nicht mehr verkaufen lasse wie frische Brötchen, denn die Leute müssten ihr Geld einteilen. «Vor 15 oder 20 Jahren gab es noch einen Mittelstand. Und diesem ging es gut. Damals bekam man für einen Franken noch einiges mehr. Heute ist das anders: Die unteren Einkommen müssen sich einschränken, und die Löhne halten dem aktuellen Lebensindex nicht mehr stand.» Er spricht von Verantwortung und Sorge der Familie gegenüber. Von zukunftsorientiertem Denken, damit es auch im Alter allen gut gehe. Ein pflichtbewusster Mensch, mehr Berufsmann als «nur Maler», wie er selber von sich sagt. In den Tag hinein zu leben, diese Philosophie hätte er nie vertreten können.

Mark serviert einen frischen, wunderbar duftenden Kaffee und ofenfrische Gipfeli. Ein ordentlicher Mensch sei er. Seit er geschieden sei und seine zwei Töchter erwachsen, halte er sein Haus selber in Schuss.

Aktiv ist er seit seiner Pensionierung kein bisschen weniger, malt eher mehr als früher. Seiner Ex-Frau und seinen Töchtern gehe es gut. Dafür habe er gesorgt. Zurückgezogen wohnt er in einer charaktervollen ehemaligen Scheune, die zu einem alten Riegelhaus gehört, die im Jahr 1575 erbaut wurde und die er in den Jahren 1976 bis 1979 mehrheitlich selber umgebaut hat. «Fünf Zimmer gibt es, einen riesigen Wohnraum und ein grosses Atelier. Da, wo wir jetzt sitzen, war der Heuboden.»

Oberneunforn, zwischen Frauenfeld und Schaffhausen: ein kleines Dorf mit Weinbergen. Und vielen restaurierten Häusern mit Geranien und Grünpflanzen. Ein typisches Thurgauer Bauerndorf. «Früher, als die Kinder noch zur Schule gingen, waren wir als Familie engagiert. Heute ist es still geworden. Wer in der Fliegerei sein Geld verdient, gilt hier als Exot, und die Dorfbewohner sind zu gehemmt, um sich in ein Gespräch einzulassen …» Wenn Freunde und Bekannte den Weg in die Ostschweiz finden, ihn besuchen, dann freut er sich riesig, kocht etwas Feines und offeriert einen gehaltvollen Wein. «In gewisser Hinsicht bin ich nicht bescheiden. Ich liebe gutes Essen. Koche leidenschaftlich. Und trinke gern einen schweren Wein. Ich bin eben ein Geniesser!» Kontakt zu Fliegenden oder ehemaligen Fliegenden pflegt er selten. Im Swissair-Tennisclub – den gibt es immer noch – trifft er manchmal Kolleginnen und Kollegen von früher.

Fliegen oder Malen? Malen oder Fliegen? Flugzeuge und Reisen? Oder doch Kunst und Malen? Fragen, die Mark durchs Leben begleiteten. In Heerbrugg aufgewachsen, malte er schon in der Schulzeit Landschaften und Tiere. «Ich hatte offensichtlich bereits als Kind Talent, denn ich kopierte Zirkusplakate und habe sogar für die Olma ein Plakat entworfen, das jedoch nicht verwendet wurde.» Wenn er über diese Zeit spricht, erwähnt er immer wieder die Natur. «Ich wollte, musste zeichnen und malen: Naturschutzgebiete, Sumpflandschaften; diese haben mich fasziniert.» Ein Kunststudium sei trotzdem nicht zur Diskussion gestanden. Das war kein Beruf. So jedenfalls sah es der Vater, der Innendekorateur mit einem eigenen Geschäft war. «Ich wäre gerne Grafiker geworden. Das war zu jener Zeit – ohne Computer – noch etwas ganz anderes als heute, nämlich ein Beruf, der künstlerisches Talent erforderte. Aber auch das wollte der Vater nicht. Durch Zufall fand ich eine Lehrstelle in Zug und absolvierte eine Lehre als Patissier-Confiseur. Später war ich in diesem Beruf auch bei ‹Sprüngli› in Zürich tätig.»

Mark war mit seiner Berufswahl zufrieden, weil er dachte, dass man als Konditor überall gute Chancen habe. Und er stellte sich vor, dadurch die Welt kennenzulernen, denn dies war sein Wunsch. «Ich reiste nach Paris, wo ich in der renommierten Konditorei ‹Fauchon› bei der Place de la Madeleine gearbeitet habe. Eines Tages besuchte ein gewisser Xaver Buchmann, der früher auch bei ‹Fauchon› gearbeitet hatte und dann Steward bei der Swissair wurde, während eines ‹Night-Stops› seinen ehemaligen Arbeitgeber. Dieser machte uns Schweizer bekannt, und so erfuhr ich von Xaver über seine Arbeit bei Swissair. Und das hat mich vom ersten Moment an derart brennend interessiert, dass ich beschloss, auch Steward zu werden.»

Von Paris ging es nach England, zuerst nach London, wo er im Hotel Connaught als Patissier arbeitete. Später war er in Bristol Chef-Patissier. Von dort aus hat er sich 1966 bei Swissair beworben. Nach bestandener Aufnahmeprüfung musste er zuerst eine dreimonatige Service-Stage in einem Hotel absolvieren und ging daher für eine Sommersaison nach Vevey ins Hotel Du Lac. Im Oktober 1967 begann seine Anstellung bei Swissair in Kloten.

«Ich war überglücklich. Swissair war eine grosse und bekannte Firma und hatte hervorragende Sozialleistungen. Ein traumhaftes Berufsleben begann.»

Mark ist mit Caravelle, Coronado und der DC-8 geflogen. Schon damals eher introvertiert, lernte er allmählich, sich an der Front zu behaupten, auf Leute zuzugehen. Er sei offener geworden. «Das hat viel gebraucht und auch befreit, Spass gemacht», erinnert er sich heute.

> «Ich war überglücklich. Swissair war eine grosse und bekannte Firma und hatte hervorragende Sozialleistungen.»

Neben dem Fliegen pflegte Mark seine Leidenschaft. Auch in Paris und England. Während der Zeit, als er bei «Sprüngli» tätig war, habe er die Kunstgewerbeschule in Zürich besucht. Später in Paris liess er sich an der Académie de la Grande Chaumière sowie an der Académie pour l'art décoratif ausbilden. Seine Malerei war damals vom Impressionismus beeinflusst. Er arbeitete oft draussen an der Staffelei – «en plein air». Die Sujets waren figürlich, wirklichkeitsbezogen. «Dann, in der Fliegerei, hatte ich plötzlich mehr Freizeit. Nach Langstrecken gab es mehrere Freitage, und diese gehörten der Malerei. 1968 die erste Ausstellung in Altstätten/SG, der im Laufe der Jahre rund 35 Einzelausstellungen sowie mehrere Gruppenausstellungen in Galerien im In- und Ausland folgten. Die erste wirklich erfolgreiche Ausstellung war 1982 im ‹Sigristen-Keller› in Bülach, und zwar zum Thema Zirkus. Die Vernissage wurde vom Clown und Mimen Carlettino – einem Freund – humorvoll eröffnet.» Dieser stand Mark Fischbacher – der eigentlich beabsichtigte, den Alltag eines Clowns zu malen – oft als Modell zur Verfügung. Das Projekt scheiterte, weil Carlettino nicht der typische Zirkusclown ist, der im Wohnwagen lebt und nichts anderes kennt als seine Umgebung, in der er lebt und arbeitet. Und so entschloss sich Mark, vermehrt im Zirkus zu arbeiten. Während acht Jahren entstanden hier unzählige Zeichnungen, Collagen, Öl- und Acrylbilder. «Ich habe viele Maler studiert. Sehr beeindruckt war ich von van Gogh. Seinen Ausdruckswillen mit dieser leidenschaftlichen ekstatischen Pinselschrift sichtbar zu machen, das fand ich genial.

Diese Erfahrungen haben meine Malerei stark geprägt. Ich begann, auf meine inneren Regungen zu antworten. Die sichtbare Natur gibt den Impuls zu den Bildern, dem ich den Ausdruck der eigenen Gefühlswelt unterordne. Als Antwort erhalten wir die spontane Niederschrift innerer Regungen.»

Wenn Mark früher als Flight Attendant unterwegs war, hatte er meistens Zeichnungsblock und Malmaterial im Gepäck. Er skizzierte in Bombay, Bangkok, Hongkong und an der grössten Fischbörse der Welt, in Tokio. Aber auch Afrika inspirierte ihn. Privat unternahm er Reisen nach Griechenland, Italien, Südfrankreich, aber auch in die Bretagne und malte. «Es war schon ein grosser Kontrast, in zwei ganz verschiedenen Leben zu bestehen: einerseits ‹herausgeputzt› ins Flugzeug zu steigen, sich dort an Disziplin und Ordnung zu halten, und andererseits das völlige In-sich-Gehen zu Hause beim Malen. Ich bin jeweils absolut absorbiert. Lasse mich nicht stören. Ja, zu Flugzeiten war das nicht immer ganz einfach. Und einmal richtig in und bei mir, kam es auch vor, dass ich ungern wegging von meiner Insel – so sehr ich den Beruf, das Reisen und die Welt liebte. Manchmal war mir alles auch zu viel. Zwei Berufe, Familie, zwei Kinder … Die wollten in die Ferien, und dies galt es zu berücksichtigen.»

Mit seiner Kunst möchte er auch anderen etwas bieten. «Wenn jemand begeistert ist, Freude hat, gibt mir das Kraft und macht auch mir Freude. Wenn Bilder einen guten Platz haben, schön aufgehängt sind, bringt das sehr viel mehr, als wenn sie sich im Atelier stapeln.» Deshalb freut es ihn, wenn seine Kunst an schönen Wänden hängt: Am liebsten in öffentlichen Räumen, wo möglichst viele Leute etwas davon haben.

Ans Ende der Swissair denkt er heute wenig. Es sind über sieben Jahre her. «Die dunklen Wolken zogen schon lange vor dem Grounding auf. Ich sagte immer, das kann nicht gut gehen: diese Kaufeuphorie von maroden Airlines und die immer dünner werdende Eigenkapitaldecke. Aber ich hätte es nie und nimmer für möglich gehalten, dass die Swissair wirklich groundet. Ich war mir sicher, dass das Geld von irgendwoher kommt. Und als Mario Corti kam, glaubte ich, er sei in der Lage, die Firma zu retten. Das, was dann geschah, das konnte ich mir schlicht nicht vorstellen.»

Es ist Mittag. Die Geranien in Oberneunforn leuchten in der Sonne. Der Brunnen plätschert. Friedlich ist es. Kein Mensch in den engen Strassen. Mark räumt die Kaffeetassen weg. Und rüstet sich wieder für seine Leidenschaft. «Meine Malerei soll dort sein, wo Sprache nicht existiert. Sie soll einfühlsam sein, nicht beschreibbar.» ‹

GABRIELLA HUBER
MANN DER TRÄUME GEFUNDEN

Das hat sie gewaltig gefreut. Nach dem Grounding ist sie ihrem «Traummann» begegnet.
Sie, die vor allem für Beruf und Firma gelebt
hat und wie alle andern auch gewaltig enttäuscht wurde, bekam plötzlich eine neue Perspektive. Und diese hat manches relativiert.
Umgewichtet. Fliegen, immer noch ein Traumjob, wurde plötzlich zweitrangig. Heute sei sie
getragen von der Partnerschaft. Dies sei nicht
selbstverständlich, denn schliesslich sei sie mit
unregelmässigen Einsatzplänen viel unterwegs.
Sie hätten es gut zusammen: das Wichtigste
überhaupt. Für Swissair zu arbeiten, das war
für sie wie der Einsatz für die eigene Familie.
Herzblut habe sie investiert. Und dann der Untergang. «Die Schweiz lässt doch diese einzigartige Firma nicht fallen», habe ihre Schwester
gesagt. «Doch, sie hat.» Heute arbeite sie für

eine Airline mit dem Namen Swiss. Sie versuche, sich besser abzugrenzen und dennoch ein-
wandfreie Arbeit zu leisten. «Die Firma verlangt nach jungen Mitarbeitenden. Ins Konzept
gehört auch, dass diese nicht ein Leben lang fliegen. Wir Älteren spüren das.» Wann immer
sie Zeit hat, treibt sie Sport. Hält sich fit. Bewegung ist ihr wichtig und stärkt sie für den
Alltag. Mehr Sorge zu sich tragen, das hat sie gelernt und hält sich auch daran.   ‹

JOVITA FAEDI
OHNE GROUNDING HÄTTE SIE NIE STUDIERT

Sie ist 40 Jahre alt und studiert. Studiert gerne, weil sie das eigentlich immer wollte. Doch die Swissair kam dazwischen. Die Faszination des Reisens hat sie motiviert zu fliegen. Länger zu fliegen, als sie je gedacht hatte. Kontakte mit Menschen aus aller Welt, fremde Länder und Kulturen; eingesogen hat sie das alles. Tut es noch immer. Vor allem ihre Einsätze als Flight Attendant zwischen den Semestern. Nach wie vor ist sie elektrisiert von der Vielfalt des Berufs und den Möglichkeiten, «im Vorbeifliegen» die Welt einzuatmen, den Duft des Orients zum Beispiel. Oder die rote Erde Afrikas zu berühren und zu sagen: «Africa, here I am. Ich liebe dich!»

Ganz ohne Verzicht geht es nicht, das Studium. Spartanisch lebt sie, zusammen mit ihrem Partner, der auch studiert. Und früher ebenfalls geflogen ist. Wenige Möbel. Nichts Unnötiges. Kein Auto. Dafür das Wesentliche pflegend: Freundschaften. Weniger oberflächlich als früher. Tiefer. «Wo der Kopf voller Konsum ist, und kein anständiges Gespräch möglich ist, mag ich mich nicht mehr aufhalten. Es interessiert mich, was wirklich wahr und gut ist. Das Leben hat mich bereichert. Jahrelang war auch ich unterwegs. Öfter unterwegs als zu Hause. Habe Freunde in aller Welt besucht. So war das Fliegerleben. Und die mitgeflogene Freiheit. Nein, heute bin ich nicht eigentlich eine andere. Oder doch? Oder doch nicht?»

«Jahrelang war auch ich unterwegs. Öfter unterwegs als zu Hause. Habe Freunde in aller Welt besucht. So war das Fliegerleben.»

Ein Leben lang eine kindliche Naivität behalten. Neugierig sein und bleiben. Fragen stellen, ohne Antworten zu fürchten. Und Lebensfreude bewahren: Das sind Jovitas Werte. Diese will sie leben. Und vertiefen. Sie studiert Angewandte Psychologie. Und ist heute überzeugt: «Wäre das Grounding nicht gekommen, hätte ich nie studiert. Es war zu gut, als Maître de Cabine zu fliegen, die Verantwortung zu tragen, Teams zu führen, Menschen zu begegnen und erst noch die Welt zu sehen.»

Das Grounding und die damit verbundene Krise sieht sie heute als Chance, die sie genutzt hat, um das umzusetzen, was sie ja immer auch noch wollte: studieren. Dass sie dies erst heute tut, stört sie nicht: im Gegenteil. Sie sagt klar und deutlich, dass sie mit 20 für einen solchen intellektuellen Einsatz die Reife nicht gehabt hätte. Reisen wollte sie. Die Welt sehen. Leben. Mit allem, was so ein volles Leben beinhaltet: Rastlosigkeit. Randvolle Terminkalender. Zeitverschiebungen. Klimawechsel. Das hat sie damals gebraucht. Gewollt. Sie, die aus

einer gutbürgerlichen Familie kommt. Und mit ihrem, wie sie selber sagt, «individuellen Lebensweg» nicht so ganz dem Lifestyle der Familie entsprochen habe. Später seien die Eltern stolz gewesen, dass eine der Töchter Stewardess bei der Swissair geworden sei.

Der Vater, ein Adjunkt bei der PTT, die Mutter Hausfrau: drei Töchter, Jovita die jüngste. Die Familie wohnte in einem Einfamilienhaus. «Wir haben alles gehabt, was wir brauchten. Und nicht verschwenderisch gelebt. Wir waren so etwas wie eine Märchenfamilie. Und meine Schwestern, die haben das weitergeführt. Einen Mann, Kinder, ein eigenes Haus… Und ich war sozusagen das schwarze Schaf. Habe mich zum Sonderfall entwickelt. Das war ich. Das bin ich. Und das ist gut so.»

«Wer die höchsten Höhen erklimmt, fällt auch ziemlich tief, wenn es schlecht geht. Aber das ist immer noch besser als der langweilige Mittelweg.»

Jovita ist eine unabhängige Frau, die ihr Leben in die Hand genommen hat. Bestimmt und nicht bestimmt werden will. Das heisst auch Geld verdienen, Budgets erstellen und die Lebensplanung verantworten. Wunderbar, so ein freies Leben, mit allem, was auch weniger schön ist. Jovita ist realistisch: «Wer die höchsten Höhen erklimmt, fällt auch ziemlich tief, wenn es schlecht geht. Aber das ist immer noch besser als der langweilige Mittelweg. Heiss oder kalt, scharf oder fade, glücklich oder traurig.» So beschreibt sie das Leben. Was lauwarm ist, gedeiht nicht. Was halbherzig ist, fällt ab. Und wo Mittelmass das Leben bestimmt, fehlt Feuer. Sie aber, die leidenschaftlich gerne Salsa und Samba tanzt, kann und konnte das Mittelmässige nie aushalten. Deshalb ist ihr vielleicht auch vieles gelungen. Gelingt es ihr immer noch, als unverbrauchter Mensch durchs Leben zu gehen. Mit dem Lachen und Staunen eines Kindes. Für Luftsprünge bereit. Mitten unter Menschen…

Bis zum Diplom der Wirtschaftsmittelschule in Bern verlief Jovitas Leben geregelt. «Dann hätte ich einen schönen Bürojob suchen und später heiraten können. Ich jedoch dachte: Okay, Wirtschaftsmittelschule, drei Jahre – und dann gehe ich meinen eigenen Weg. Das habe ich dann auch getan. Ich arbeitete in der Westschweiz, und zwar in Nyon. Später bin ich nach Südkalifornien gegangen. Habe Englisch gelernt und bin anschliessend gereist. Mit Rucksack, das hat mir gefallen. Und so kam ich irgendwann auf die Idee, ich könnte mich bei der Swissair bewerben.»

Als sie mit 21 Jahren Flight Attendant war, sei sie richtig glücklich gewesen. Voll sei das Leben gewesen und abwechslungsreich, anregend auch. Wie ein Schwamm habe sie alles aufgesogen, was ihr begegnet sei. Und obwohl die Eltern ihren Weg bejaht hätten, habe der Vater einmal gefragt, ob sie nicht irgendwann noch etwas Rechtes machen wolle. «Ich dachte, wenn ich alles gesehen habe, höre ich auf. Aber weil es mir so gut gefallen hat, wollte ich nicht wechseln. Und irgendwann entdeckte ich die Ausschreibung für den Kurs Maître de

Cabine. Man könnte sich ja bewerben, dachte ich. Und schrieb. Und wenn ich's schon geschrieben habe, so dachte ich, kann ich's ja auch abschicken. Und auch das habe ich getan. Und wurde aufgenommen, durfte die Ausbildung machen. Da hatte das Fliegen eine neue Dimension erhalten. Verantwortung für die Kabine. Fürs Team. Es war einzigartig. Auch die Rotationen. Man muss sich mal fragen, wo es sonst so etwas gibt: Wenn man unterwegs ist, am Abend gemeinsam ausgeht, sitzen junge Flight Attendants, Flugkapitäne vor der Pensionierung, Aushilfe-Flight-Attendants, die Familien haben und vielleicht schon um die 50 sind, am selben Tisch. Man tauscht sich aus. Spricht übers Leben. Über die Probleme. Jeder aus seiner Sicht. Jeder mit seinen Erfahrungen. Dieses Zusammensein prägt. Ist unglaublich schön. Und fördert die Toleranz. Man lernt quasi in jedem gelebten Moment. Das ist auch im Flugzeug so: Die Begegnungen in der Kabine sind – wenn sie sich ergeben – einzigartig. Man lernt während eines Fluges Menschen kennen, mit denen man sonst nie in Kontakt käme. Und wenn die Zeit es erlaubt, können interessante Gespräche stattfinden.»

Aerobic hat sie gemacht. Vor allem aus gesundheitlichen Gründen. Vor der Fliegerei nahm sie regelmässig Jazzballett-Stunden. Mit den unregelmässigen Einsatzplänen war das nicht mehr möglich. «Etwas musste man machen: die trockene Luft in der Kabine, die Nachtflüge. Aerobic, das war für mich einfach Ersatz fürs Tanzen.»

Als SR111 vor Halifax ins Meer stürzte, war Jovita in London. Am Morgen sei man in der Hotellobby informiert worden. Habe jedoch noch keine Ahnung gehabt, was wirklich passiert sei. Der zuständige Maître de Cabine habe nur gesagt, wenn jemand nicht fähig sei zu fliegen, sei das okay. Man sei auf den Flug gegangen. Habe wie immer gearbeitet. «Dann, als ich vor der Landung in Zürich bereits auf dem Jump Seat sass, hatte ich einen Moment Zeit, nachzudenken. So im kalten Wasser, dachte ich, das muss ja wahnsinnig schlimm sein. Nach der Landung war ich aufgelöst. Musste mich zurückziehen. Habe geahnt, was ich noch nicht wusste. Halifax, das war grausam. Und doch, diese riesige Krise gab uns allen auch eine Chance: Solidarität. Menschen aus allen Schichten und von überall auf der Welt nahmen Anteil. Freunde, Bekannte haben telefoniert und äusserten ihre Betroffenheit. Es ging nicht um mich. Es ging um uns. Um all die Menschen, die beim Unglück ihr Leben verloren hatten. Um ihre Angehörigen. Und um unsere Airline. Ich brauchte keine Betreuung. Bin weitergeflogen. Dachte, ich sei stark. Aber noch ein Jahr später, als ich die Protokolle las, war ich berührt, flossen Tränen. Es ging tiefer, als ich geglaubt hatte. Und dauerte mehrere Jahre …»

Halifax, die Anschläge in New York und das Grounding, diese drei Ereignisse haben ihre Welt verändert und bedeuten für Jovita so etwas wie der Verlust der Unschuld. Als sich das Grounding abzeichnete, war sie in der Provence in den Ferien. Jemand habe ihr ein SMS geschickt, es sehe schlecht aus mit Swissair. Doch sie habe zurückgeschrieben, es werde nichts so heiss gegessen, wie es serviert werde. Es seien schon viele schlechte Nachrichten verbreitet worden. Von Marseille aus sei sie später nach Zürich geflogen. Zuerst habe sie gedacht, vielleicht nehme man sie gar nicht mit. Doch die Besatzung habe sie mit den Worten begrüsst: «Tut uns sehr leid, was passiert ist.» Erst als sie in Zürich angekommen sei, habe sie das ganze Ausmass erkannt.

Sie sei nach Hause gefahren – damals wohnte sie noch in Bern. Als sie mit vielen Gleichgesinnten vor dem Bundeshaus demonstrierte, trug sie keine Uniform. Diese war in Kloten. «Da hat man nicht einmal gesehen, dass ich auch dazugehöre. Aber so war es nun mal.» Als die Swissair noch geflogen sei, habe sie mehrmals von Passagieren hören müssen, dass man mit Steuergeldern fliege. Das sei nicht immer einfach gewesen. Dann, als Swiss zu fliegen begann, am 1. April 2002, wurden viele Maître de Cabine zurückgestuft, mussten Kurzstrecken fliegen. «Mich hat es – vom Dienstalter her – nicht getroffen. Aber alle meine Kolleginnen und Kollegen, die mit mir die MC-Ausbildung absolviert hatten, mussten diesen Titel abgeben. Lohneinbussen, ja. Aber das war nicht das Schlimmste. «Ich musste fortwährend daran denken, was denn mit meiner einst so guten Vorzeige-Firma passiert war. Ich hatte mich – wie doch die meisten anderen auch – mit der Swissair identifiziert. Und diese Identifikation war nicht einfach eine PR-Übung. Sie war riesig. Wir waren eine Familie. Und wir hatten einen Familien-Spirit. Stolz waren wir doch alle, bei diesem Unternehmen zu arbeiten.»

Im Sommer 2003, als der neuen Firma mit dem Namen Swiss das Geld auszugehen drohte und Sparübungen den Alltag diktierten, hat es auch Jovita getroffen. Sie wurde zurückgestuft und musste praktisch nur noch Kurzstrecken fliegen. «Da dachte ich, das sind keine Perspektiven. Ich war massiv unterfordert. Zudem war ich mit der Swiss nie so verbunden wie mit der Swissair. Und war plötzlich sicher, dass dies ein Zeichen war, etwas Neues zu beginnen. Ich besuchte die Fachhochschule Nordwestschweiz in Olten und begann Psychologie zu studieren. Drei Jahre. Heute bin ich an der Zürcher Hochschule für Angewandte Psychologie, will mit dem Master mein Studium abschliessen. Möchte mich auf Kinder- und Jugendpsychologie spezialisieren. Dass ich nebenbei noch fliege, beflügelt den Studienweg. Ich habe einen perfekten Nebenjob. Und erlebe während eines Fluges das, was ich im Studium an Theorie mitbekomme: In der Fliegerei fehlte mir manchmal das Intellektuelle. Dafür war ich nahe am Leben. Heute lebe ich das Intellektuelle, und es fehlt mir manchmal die Nähe zum Leben. Aber mit dem Mix habe ich beides … Das ist doch ideal.» Dass sie dank ihres Temperaments und wohl auch wegen ihres Alters die Kraft gehabt hat, ihrem Leben eine neue Richtung zu geben, freut Jovita heute mächtig. Aber sie erkennt auch: «Die Welt ist nicht mehr das, was sie war. Und man kann sich immer wieder fragen: What's next?»

Sie ist offen für alles, was kommt. Am liebsten würde sie eines Tages international arbeiten. Immer ein bisschen unterwegs. Die Welt einatmen. In Bewegung sein. Und denen etwas zurückgeben, die wenig oder nichts haben: zum Beispiel den Menschen in Afrika. Den Kindern dort, die mit Palmenblättern spielen. Und mit Steinen im Sand. Kinder, deren Staunen sie bewundert, deren Neugier sie fasziniert und deren Lebensfreude sie ansteckt. ◄

SANDY HINRICHS
«WAS HAT MAN EIGENTLICH GELERNT?»

Nach über 34 Flugjahren wurde sie 2001 pensioniert. Doch Sandy Hinrichs ist von der Fliegerei noch immer begeistert. Fliegt als ehrenamtliches Flight Attendant für die «Super Constellation» Flyers Association in Basel, einen Verein von Liebhabern alter Flugzeuge. Günstig seien die Flüge nicht, dafür unglaublich schön. Zusätzlich realisiert sie Wein-Degustationen für Coop. Und trifft sich – als Heimwehbaslerin – mit den «Basler Zepf Ziri», einer Fasnachts-Clique, im Restaurant Weisser Wind in Zürich. Fernweh habe sie und Sehnsucht nach Reisen. Aber da Swiss für die Pensionierten nicht jene Vergünstigungen offeriere, die Swissair einmal versprochen habe, könne man nie wieder spontan auf einen Flug. Schon als Kind wollte sie Stewardess werden. Da sie einen holländischen Pass hatte, musste sie sich zuerst einbürgern

lassen, sonst hätte sie ihren Traumberuf nicht ausüben können. Von guten alten Zeiten schwärmt sie und von langen Destinationen. Dass man Swissair in den Konkurs schickte, erschüttert sie heute mehr als 2001. «Wenn ich sehe, wie man heute mit Banken umgeht, die in unguter Weise ins Grounding involviert waren, frage ich mich: Was hat man eigentlich aus dem Swissair-Fall gelernt? Aber: Man muss vergessen. Vorwärtsschauen.» Muss man? ‹

MICHAEL ESTERMANN
WIND IM NACKEN

Höchste Konzentration – verbunden mit Liebe zum Flug. Zum Detail. Ein präzises Erfassen der Situation: «Wenn man beschleunigt, beginnt das Spiel mit der Energie. Akrofliegen, das ist wie Ballett: von der Rolle zum Looping und dann vom halben Looping zur Kunstflugfigur Immelmann …» Wenn er im Bücker Jungmann Doppeldecker Bü 131 sitzt, hat Michael Estermann den Kopf an der frischen Luft. «Da geht etwas vor sich, was man nicht benennen kann: richtiges Fliegen! Das ist, wenn man den Wind im Nacken spürt.»

«Richtiges Fliegen» bedeutet für den Swiss-Captain auch, dorthin zu fliegen, wo sonst niemand hinkommt: am Steuer eines Wasserflugzeuges, als Gletscherpilot oder mit einer PA-18 (Piper Super-Cup) ins Niemandsland von Kanada oder Alaska. «Solche Flüge bedeuten Abenteuer. Begegnungen mit scheinbar unerreichbaren Bergen, Gletschern und weit abgelegenen Orten, wo man als Besucher unwiderruflich – evolutionär – ins Ganze miteinbezogen wird. Solche Erlebnisse werden immer Teil meines Lebens sein. Unvergesslich. Aber auch verpflichtend, sei es auch nur aus Dankbarkeit, in einer für die meisten Menschen unerreichbaren Region gewesen zu sein.»

Fliegen. Und nochmals Fliegen. Wasser-, Akro-, Gletscher- und Präzisionsfliegen in der Freizeit, im Beruf als Kurzstrecken-Captain bei Swiss, und zwar auf dem Airbus 319, 320 und 321. Für Michael ist Fliegen ein erfüllter Traum, den er schon als sechsjähriger Junge so formuliert hat: «Ich will Pilot werden.»

Hindernissen auf dem Weg zu seinem Ziel ist er entschlossen begegnet und hat sich von ihnen nicht beirren lassen. Nichts hätte ihn von seinem Bubentraum abhalten können. Ein langer Atem, Umwege und eine klare Vorwärtsstrategie haben ihn ans Ziel gebracht. Dass alles noch viel besser und schneller hätte erreicht werden können, gehört mitunter zu seiner Biografie: «Es ist nicht alles rund gelaufen. Ich war oft zur falschen Zeit am falschen Ort.» Trotzdem ist ihm mehr gelungen als den meisten.

In rund fünf Jahren wird er als Linienpilot pensioniert. «Das ist beunruhigend, weil ich endlich das bin, was ich immer sein wollte, nämlich Flugkapitän – in einiger Zeit auch auf Langstrecken-Einsätzen …»

Aber Michael hat auch Pläne für die Zukunft: Reisen. Wandern. Klettern. Skitouren. Dass er beim Aufzählen die Fliegerei vergisst, zeigt, dass diese für ihn so sehr zum Leben gehört, dass er sie gar nicht erst erwähnt. Nicht umsonst hat er die Privatpiloten-Fluglehrer-Ausbildung absolviert, die Gebirgsflugschule in Beromünster aufgebaut, ist er Akrobatik- und Gletscher-Fluglehrer und organisiert Rundflüge. Das Gefühl vom «richtigen Fliegen» wird ihn so schnell nicht verlassen, und Wind im Nacken wird er brauchen, wie normales Fussvolk Luft zum Atmen.

Michael ist in Beromünster und Rickenbach mit einem Bruder und einer Schwester aufgewachsen. Seine Schulmüdigkeit verwies ihn zuerst auf einen anderen Weg als auf den zum Piloten. Michael wurde Elektromonteur. Und besuchte später das Technikum in Horw. «Weil die Swissair damals keine Piloten brauchte, wählte ich einen anderen Weg und arbeitete als Technischer Leiter für zwei Jahre in Saudi-Arabien.»

Dann hat er die Aufnahmeprüfung bei der Schweizerischen Luftverkehrsschule (SLS) gemacht, um Pilot zu werden. Und bestanden. Doch bei Swissair brauchte man zu jener Zeit nur wenige neue Piloten, und so kam er auf eine Warteliste und arbeitete als Entwicklungsingenieur in der Medizin-Elektronik. «Dann plötzlich konnte ich die Ausbildung als Flight Ingenieur beginnen und kam als solcher 1986 auf die DC-10 zu ersten Flugeinsätzen: Für drei Jahre, hat man mir gesagt, dann könne ich mit der Piloten-Ausbildung beginnen. Aber weil man die Flugzeuge später lieferte, wurden aus drei Jahren deren sechs. 1992 begann ich die SLS. 1993 bis 1995 flog ich als Copilot auf der MD-80, wechselte 1995 – immer noch als Copilot – auf den Jumbo, und ab 1999 war ich Copilot auf der MD-11. Pilot bei Swissair, das war für mich der Traumjob, die Firma der Inbegriff eines Arbeitgebers mit hohem Prestige. Wenn du das schaffst, dachte ich mir, hast du ausgesorgt. Und die Welt gesehen. Wirst früh pensioniert und hast eine gute Pensionskasse.»

Als Copilot auf der MD-11 wäre Michael im Frühjahr 2001 Captain geworden. Aber da kündigte sich die Krise der Airline an: «Mario Corti hat zwei Flugzeuge zurückgehalten, später nochmals zwei, und dann kam das Grounding. Alle, die über 52 waren, wurden entlassen. Und Swiss brauchte keine Kapitäne. Ich blieb – mit einer massiven Lohneinbusse – Copilot, mit ‹Aussicht› auf längere Zeit … In dieser Funktion war ich der Dienstälteste. Sieben Jahre später, das heisst im Frühjahr 2008, war ich dann der erste von Swiss ausgebildete Flugkapitän für A319/A320 und A321.» Damit war Michael – wenn auch verspätet – endlich da angekommen, wovon er seit seiner Kindheit geträumt hatte. «Ich musste warten, bis ich als Flight Ingenieur beginnen konnte, dann war ich sechs statt drei Jahre in dieser Funktion, und schliesslich bin ich – wegen des Swissair-Untergangs – als Copilot auf der Strecke geblieben und musste auf meine Beförderung warten. Ich habe wegen des Groundings rund zehn Jahre in meiner Karriere verloren.»

Für Michael ist klar, dass die EWR-Abstimmung 1992 Startschuss für den Untergang der Swissair war, gefolgt von der Hunter-Strategie und der Einkaufstour von Philippe Bruggisser. «Wir Schweizer können nicht mit Belgiern und Portugiesen zusammenarbeiten. Mit den Deutschen ja, die haben die gleiche Mentalität.» Wie viele andere habe er gedacht, dass das so nicht weitergehen könne: «Wir haben gearbeitet und gearbeitet, die Flugzeuge waren voll – sonst jedoch ging nichts.»

Michael war in den Freibergen in den Reitferien, als das Grounding die Schweiz erschütterte. «Ich ging an die Demos nach Bern und nach Kloten. Die Banken und die Geschäftsleitung haben uns versetzt. Für mich ist damals eine Welt zusammengebrochen. Das kann nicht sein. Das darf nicht sein, habe ich gedacht.» Wie viele seiner Kollegen vom Cockpit hat auch er sich bei anderen Airlines umgesehen. Cathay, Emirates, EasyJet und Ryanair usw.

«Piloten sind im Laufe der Jahre Söldner der Luftfahrt geworden. Das Berufsbild wurde bewusst kaputt gemacht. Als Copilot beginnt man überall von vorne – auch nach 15 Jahren. Ich hatte ja das Upgrading zum Kapitän vor mir, nur eben, es kam etwas dazwischen ...»

Mit seiner Frau – einer ehemaligen Flight Attendant der Swissair – hat er die Situation besprochen. Geprüft. Mit zwei kleinen Kindern auszuwandern und alles zurückzulassen, das wollten beide nicht. «Wir hatten vor dem Grounding ein neues Haus kaufen wollen, aber die Unsicherheit war zu gross. Man musste über die Bücher, sich überlegen, was machbar ist und was nicht. So habe ich zum Beispiel nach über 30 Jahren mit Turnierreiten aufgehört. Die neue Situation hatte grossen

«Piloten sind im Laufe der Jahre Söldner der Luftfahrt geworden. Das Berufsbild wurde bewusst kaputt gemacht.»

Einfluss auf unser Leben. Andere absolvierten ein Wirtschaftsstudium. Und ich fragte mich plötzlich, was ich eigentlich tue. War Ingenieur, kannte die Golfregion. Als Kapitän hätte ich mich nicht hinten anstellen müssen, auch nicht bei andern Airlines. Aber als Copilot ... Ja, das Leben geht oft andere Wege, als man denkt.»

Doch Michael hatte sich ja längst ein zweites Standbein erarbeitet. Als Fluglehrer in der Flugschule Beromünster. Dort – und weit darüber hinaus – war und ist er immer noch gefragt. Er, der in Triengen die Privatpiloten-Ausbildung genoss, die Fluglehrer-Lizenz erwarb und heute in Beromünster künftige Privatpiloten ausbildet, war und ist vor allem in dieser Umgebung glücklich. Als Gletscherpilot und Gletscher-Fluglehrer hat er in Beromünster die Gletscherpiloten-Schule aufgebaut, kennt die Landeplätze auf dem Jungfraujoch, dem Glärnisch, dem Monte Rosa, um nur einige zu nennen. Als Flight Ingenieur ist er in den Achtzigerjahren nach Alaska und Kanada gereist und hat dort das Wasserflugzeug entdeckt. Bis heute ist er in dieser Region – wenn es die Zeit erlaubt – fliegerisch aktiv. Und als Akrobatikflieger und Fluglehrer im Doppeldecker in den Lüften, schwärmt er vom «einzig richtigen Fliegen». Rundflüge sind ausgebucht. Passagiere mehr als begeistert. «Am Boden erkläre ich den Leuten, was passiert, wie's geschieht mit dem halben Looping mit anschliessender halber Rolle, weil diese ja in der Regel keine Ahnung haben, was abläuft.»

In fünf Jahren wird er sein zweites Standbein noch mehr ausbauen können. Vorerst jedoch ist er bei der Swiss noch als Pilot verpflichtet. «Das Fliegerische kam und kommt auch auf Kurzstrecken zum Tragen. In all den Krisenzeiten war es immer da. Ist die Tür des Flugzeuges einmal geschlossen, ist alles gut. Der Beruf des Piloten hat sich hier – im Gegensatz zum Umfeld am Boden – nicht verändert.»

Wenn sich Michael an den Neuanfang der Swiss erinnert, spricht er Klartext: «André Dosé hat rund 2 Milliarden ‹verbraten›. Mit einer Kurzstrecken-Philosophie kann man keine Langstreckenflüge machen. Man stelle sich einmal vor, da hat man rentable Strecken geschlossen, und als es wieder aufwärtsging, hatte man keine Flugzeuge mehr. Mit Mitarbeitenden ging man nicht weniger zimperlich um. Im Cockpit haben wir massiv zu wenig Leute. Wir arbeiten so viel wie noch nie und haben oft schon nach elf Monaten die Soll-Stunden fürs ganze Jahr erreicht.»

«André Dosé hat rund 2 Milliarden ‹verbraten›. Mit einer Kurzstrecken-Philosophie kann man keine Langstreckenflüge machen.»

Dass es der Swiss heute gut geht, freut ihn. «Christoph Franz hat den Überblick. Aber die Deutschen sind knallhart. Jetzt arbeiten wir 30 Prozent mehr und haben weniger Lohn. Und weniger frei. Und eine Wende ist nicht in Sicht. Aber irgendwann möchte man vom Erfolg auch etwas spüren. Das geht aber anscheinend nicht. Jetzt haben wir eben ein deutsches Management. Und sind die billigsten Piloten …» Und trotzdem kommen Ehemalige, die nach dem Grounding die Airline wechselten, zurück. «Sie verdienen weniger. Aber sie arbeiten wieder von der Schweiz aus. Swiss gibt ihnen andere Perspektiven.»

Michael fährt immer gerne zum Flughafen. Freut sich auf seine Einsätze. «Zürich–Rom, an einem Morgen über die Alpen, das ist ein Highlight. Ein Sichtanflug ist Handarbeit und ein wunderschönes Erlebnis.» Wenn er im Bücker die Reuss oder Aare entlangfliegt, wenn er als Gletscherpilot die Spuren im Schnee legt, ist dies das Schönste, was es gibt. «Wäre ich nochmals jung, würde ich mir jemanden wünschen, der mich fördert, überzeugt, unterstützt, ins Militär zu gehen, um zu fliegen. Dann wäre ich bereits mit 23 Jahren Copilot.» ◀

CLAUDIA RÜEGG UND NADJA BÄCHI-KRAUSE
SHOPPING-TIME IS OVER

Sie sind gemeinsam geflogen und haben die Welt, auch die Einkaufs-Welt, genossen. Nadja Bächi während acht, Claudia Rüegg lediglich während anderthalb Jahren. Heute pflegen sie keinen Kontakt mehr, haben sich irgendwann aus den Augen verloren. Claudia: Nadja wohnt auf dem Land, pflegt ein Familienleben. Ich bin berufstätig und arbeite im Individual-Tourismus. Das Grounding hat Claudia bei ihrem damaligen Arbeitgeber TUI erlebt, und zwar aus Kunden-Perspektive. Stress sei das gewesen, für sie und die Kunden. Seit sie nicht mehr fliege, kaufe sie weniger ein, da sie eigentlich keine Shopping-Frau sei. Doch in Rom, New York, Paris oder London den Läden nachzugehen, sei etwas völlig anderes als in der Schweiz: Habe Spass gemacht. Nadja Bächi hat das Grounding vor dem Fernsehen miterlebt. «Ich

bin extrem gern geflogen.» Als sie nach der Geburt des zweiten Kindes als Teilzeit-Flight-Attendant zu Swiss wollte, hat man ihr einen festen Arbeitsvertrag geben wollen. Mit zwei Kindern war ihr dies 2002 zu viel. Seit drei Jahren fliegt sie temporär bei Belair und muss dadurch nicht ganz aufs Reisen verzichten. Kombiniert den Job mit dem Familienalltag. Shopping bedeutet ihr viel weniger, und wenn sie mal einkauft, denkt sie eher an ihre Kinder und deren Wünsche als an sich selbst. ❮

ALEXANDRA RUETSCHI
«WO ICH STEHE, AUF DER RANGLISTE, DAS MOTIVIERT.»

Während sie die Espresso-Tasse achtsam zum Mund führt, ist klar: Sie sieht nicht nur aus wie ein Flight Attendant aus der Werbebroschüre, sie trinkt auch ihren Kaffee wie ein Vorführ-Modell aus der Branche. Eine Frau von Welt, sprachgewandt, rhetorisch versiert. Und dazu noch natürlich. Das schelmische Lächeln steckt an. Der kecke Blick fordert heraus und verrät verborgenen Biss. Ehrgeiz auch. Alexandra Ruetschi ist Triathletin, Marathonläuferin und Ironman-erprobt. Weil sich ihre Träume erfüllt haben, ist sie rundum zufrieden, glücklich – und offen für Neues.

Solange sie bei Wettkämpfen im ersten Drittel mithalten kann, ist sie motiviert. Sich mit andern zu messen und zu vergleichen, ermutigt zum systematischen Training. Wäre sie auf der Rangliste in den hinteren Rängen zu finden, würde sie den Wettkampfsport aufgeben und nur noch für sich trainieren. Doch sie kann mithalten. Und – Bewegung sei Dank – sie jongliert mit körperlichen und seelischen Herausforderungen gekonnt und vor allem gelassen, was ihr eine gewisse Überlegenheit garantiert.

Dabei hat alles so belanglos angefangen: keine zusätzlichen Kilos während eines Amerika-Aufenthaltes. Deshalb regelmässig Sport. Aber dann – viel später – begann das Sich-messen-Wollen. Und die Freude am Gewinnen, verbunden mit Durchhaltewillen. Ehrgeiz steckt an und verlangt nach mehr. Sieg. Den Blick nach vorne gerichtet: So hat sie auch Halifax und später den Untergang der Swissair bewältigt. Sportlich eben …

Kampfgeist, ein unbändiger Wille und die Bereitschaft, alles zu tun, um ihr Ziel zu erreichen: Air-Hostess wollte sie werden, wie die Bezeichnung damals noch lautete.

Den Einstieg ins Berufsleben, das heisst in die Fliegerei, schaffte Alexandra jedoch nicht mit der inzwischen erworbenen Gelassenheit. Kampfgeist, ein unbändiger Wille und die Bereitschaft, alles zu tun, um ihr Ziel zu erreichen: Air-Hostess wollte sie werden, wie die Bezeichnung damals noch lautete. Doch es klappte erst beim zweiten Anlauf. Aber alles schön der Reihe nach.

Als Einzelkind in Zürich und später in Greifensee aufgewachsen, hat sie schon während der Primarschulzeit mit ihren Eltern die Ferien im Ausland verbracht. Da atmete sie jeweils die Atmosphäre in einem Flugzeug. Und war begeistert. Vor allem von den Flight Attendants.

«Sie sind alle so schön, die Hostessen, können die Welt sehen. Reisen …», habe sie jeweils gedacht. Ein Traum war längst geboren, bevor er gelebt werden konnte. Und verlangte Einsatz und Ausdauer.

Alexandra war im Welschland, um Französisch, in Amerika, um Englisch zu lernen. Nach einer KV-Ausbildung hat sie sich 1986 bei der Swissair beworben. Und bestand das Aufnahmeverfahren nicht. «Das war die totale Enttäuschung, und ich bin zwischen Stuhl und Bank gefallen. Ich wollte ihn doch so sehr, meinen Traumberuf.»

Sie kehrte zum ehemaligen Arbeitgeber zurück, lernte Spanisch und absolvierte eine Ausbildung als Reiseleiterin. Zwei Jahre später hat sie sich wieder beworben. Bei Imholz, Hotelplan, Kuoni, Balair und der Swissair. Von der damaligen Chartergesellschaft Balair erhielt sie einen Vertrag. Diesen jedoch unterzeichnete sie nicht, weil sie abwarten wollte, wie man bei Swissair mit ihrer erneuten Bewerbung umging. Es sollte klappen. Sie bekam einen Vertrag. Sie war 24 Jahre jung, als sich ihr Traum erfüllte. Im zweiten Anlauf.

«Nicht locker lassen, durchhalten, das hat sich schon damals bewährt.»

«Nicht locker lassen, durchhalten, das hat sich schon damals bewährt.» Ihre Augen leuchten. Und die Sätze über die Anfangszeiten bei Swissair sprudeln aus ihr wie frisches Quellwasser. 18 Monate Europa-Einsätze. Später Afrika, dann Asien. Seit über 20 Jahren ist Alexandra mittlerweile im Einsatz. Seit 13 Jahren als Maître de Cabine. Sie liebt das Fliegen und mag alle Destinationen. Beim zweiten Nachfragen wird sie konkret: «Asien; Bangkok, Hongkong vor allem und Afrika natürlich – überall, wo wir am Meer sind – heute ist das vor allem in Tansania.»

Das Umfeld in der Branche hat sich seit längerer Zeit radikal geändert. Alexandra verheimlicht nicht, dass der Glanz des Traumberufs matt geworden ist. «Heute ist das ein Knochenjob. Und der Umgang mit den Passagieren ist äusserst anspruchsvoll. Kunden steigen ins Flugzeug, als wäre es die Eisenbahn. Die Ansprüche jedoch sind dieselben geblieben. Ich habe meine Arbeitszeit auf 80 Prozent reduziert.»

Der Ausgleich zum Fliegen ist der Sport. «Mit 19 Jahren habe ich angefangen. Mit 30 verspürte ich Lust, die Kraft-, Trainings- und Sporthallen zu verlassen und mich in der Natur zu bewegen.» Sie hat viel über Triathlon gelesen. Ihr Coiffeur, selber aktiver Triathlet, hat sie dazu motiviert. «Ich kaufte ein Rennvelo, lernte crawlen, wurde Mitglied im Schwimmclub Uster und begann zu rennen.»

Olympische Distanzen verlangen 1,5 Kilometer schwimmen, 40 Kilometer Velo fahren und 10 Kilometer rennen. Doch der Ironman ist viel härter: 3,8 Kilometer schwimmen, 180 Kilometer Velo fahren und 42,12 Kilometer rennen. «Sport ist Erholung. Wettkämpfe sind pures Sich-Messen. Man trainiert für den Wettkampf. Bewegung, die brauche ich. Sie ist Ausgleich zur Arbeit im engen Raum mit schlechter Luft. Beim Joggen kann ich abschalten. Es kommen Ideen. Fitness- und Kraftcenter im Ausland ... Ausdauertraining zu Hause in der freien Natur. Sport stärkt die Belastbarkeit. Auf Langstrecken kann ich auch nach 16 Stunden die Crew noch motivieren. Das ist wichtig. Zudem bin ich praktisch nie krank. Bei jedem Wetter trainieren, das härtet ab.»

Abgehärtet schien sie auch, als es um das Ende der Swissair ging. «Natürlich haben wir alle gewusst, dass es nicht optimal läuft. Aber immerhin hat man uns Anfang 2001 – oder war es im Herbst 2000? – noch versprochen, dass 2001 ein Erfolgsjahr werde. Man muss sich das einmal vorstellen! Als wir dann hörten, dass CEO Bruggisser gekündigt wurde, ahnten wir, dass einiges schief läuft. Verschaukelt und betrogen fühlten wir uns. Und wir hatten eine gewaltige Wut auch auf Finanzchef Georges Schorderet. Als Mario Corti kam, spürten wir Hoffnung. Er war Trouble-Shooter. Und wollte helfen. Es war zu spät.»

Im Oktober 2001 hatte Alexandra Ferien gebucht. Abflug war der 27. September. Destination: Malaysia. «Es war damals schwierig, bei der Swissair, doch ich habe keinen Moment daran gedacht, dass ein paar Tage später ein Grounding stattfinden würde.» Erst am 6. Oktober hat ihr die Mutter am Telefon erzählt, was für ein Drama sich in der Schweiz, insbesondere am Flughafen, abgespielt habe und dass die Swissair am Ende sei. «Ich schlief wohl nicht so gut in jener Nacht, genoss meinen Urlaub trotzdem. Das, was sich bei der Swissair abspielte, war bei dieser Entfernung für mich kaum belastend. Als ich aus den Ferien zurückkam und im Computer nachschaute, was für Flüge für mich vorgesehen waren, das heisst konkret, ich wollte meinen Einsatzplan ausdrucken, war der Bildschirm leer. Da dachte ich einen Moment, dass ich den Job doch verloren hätte. Da war es mir schon etwas mulmig zumute. Aber es stellte sich schnell heraus, dass sich die Verantwortlichen von der Planung mit der neuen Situation zuerst arrangieren mussten und dass alles etwas länger dauerte. Wenige Tage später bekam ich meinen November-Plan und war wieder voll im Einsatz. Die Situation stabilisierte sich. Wir hatten genug Essen an Bord, konnten fliegen.

> «Swissair, das war eine Vorzeigefirma, vor allem,
> was die Identität der Mitarbeitenden betraf.»

Das Bedauern darüber, dass es die Swissair, die fliegende Bank nicht mehr gab, das heisst, es gab sie ja noch bis Ende März, dieses Bedauern war riesig. Für sehr viele Mitarbeitende war ihr Lebenstraum ausgeträumt. Swissair, das war eine Vorzeigefirma, vor allem, was die Identität der Mitarbeitenden betraf. Swiss, das ist eine neue Firma, und die Loyalität der Angestellten wird nie mehr dieselbe sein, wie sie bei der Swissair war. Heute wird man ausgedrückt wie eine Zitrone. Aber das ist leider an vielen Arbeitsorten so. Wie gerne erinnere ich mich an die langen Fernost-Rotationen:

Zum Teil waren wir 17 Tage unterwegs – Karachi, Peking –, und als wir wieder in der Schweiz waren, hatte ich neun Tage – man muss sich das einmal vorstellen, neun Tage – frei.

Solche Erinnerungen bleiben. Man hängt an ihnen. Sie sind Bestandteil des Berufes. Die Fliegerei bietet – auch wenn heute alles anders geworden ist – viel. Man kennt die Welt: Und fühlt sich, wo immer man ist, meistens wohl.»

Generell seien die Arbeitsteams nach wie vor sehr gut. «Das, was wir den Kunden geben, das haben wir in uns.» Nach dem Grounding gab es weniger Lohn. Ein 13. Monatslohn ist nach wie vor nicht in Sicht. Passagiere sind anspruchsvoller geworden. Die Flugzeuge sind voll. Doch wer zum Fliegen geboren ist, lässt sich nicht demotivieren. «We care for people», lautete der legendäre Swissair-Slogan. Aus dieser Sicht gilt es als Flight Attendant zu arbeiten. Dafür wurde man selektiert. «Wenn die Türen des Flugzeuges schliessen, sind wir in unserer Welt. Dann gebe ich den Passagieren das Beste. Und das sage ich auch meinem Team. Wir versuchen das gemeinsam zu tun. So zu arbeiten, motiviert, macht Freude.» Als Maître de Cabine fliegt sie gerne Langstrecken. Da kann sie ihr Know-how besser einbringen und effizienter arbeiten als auf Europa-Flügen.

Alexandra lässt durchblicken, dass sie sich heute trotz allem auch etwas anderes als Fliegen vorstellen könnte. Als Maître de Cabine ist sie auf der Karriereleiter zuoberst angekommen und denkt in letzter Zeit vermehrt darüber nach, dass es auch einmal eine Zeit nach dem Fliegen geben würde. Sie absolviert eine Management-Ausbildung. Denn nach über 20 Flugjahren möchte sie nicht wieder in einem Büro arbeiten. Auslöser für die latente Neuorientierung war die Umschulung auf den Avro Jet (Jumbolino). Sie, die eine B-747-Besatzung führte, war plötzlich unterfordert. Dazu kamen die vielen Starts und Landungen. Europaflüge … «Was soll ich in einem solchen Flugzeug?»

Was sie mit ihrer Ausbildung machen will, ist noch offen: «Zuerst dachte ich an Sport-Events. Aber da ist die Jugend vertreten. Heute denke ich an den VIP-Bereich: zum Beispiel am Flughafen …» Sie sucht garantiert keine Herausforderung, bei der keine Zeit fürs Privatleben bleibt. «Die Work-Life-Balance muss stimmen.»

Sie werde immer trainieren, pro Jahr vier bis fünf Wettkämpfe bestreiten. Zwei Medaillen habe sie aufgehängt. Alle anderen Auszeichnungen seien verstaut.

Dass sie in ihrer Altersklasse bisher immer im ersten Drittel war, motiviert sie, am Ball zu bleiben: «Wo ich stehe, auf der Rangliste, das motiviert.»   ‹

HANS GEORG SCHMID
HERZBLUT FÜRS FLIEGEN

Mit 53 Jahren wurde er am 31. März 2002 als Swissair-Kapitän pensioniert. Dies habe ihm, sagt seine Frau Sibylle Schmid, sicher einiges erleichtert. Er sei froh gewesen, nicht bei Swiss weiterfliegen zu müssen. Hans Georg Schmid ist während 31 Jahren für die Swissair geflogen. Nach dem «Aus» habe es nur wenige Wochen gedauert, bis er mit dem Bau seines zweiten Flugzeuges, dem «Express 2000 ER», begonnen habe, mit dem er im Sommer 2007, im Vorfeld eines weltumspannenden Fluges, nach Oshkosh (USA) zum weltgrössten Flugmeeting habe fliegen wollen. «Swissair-minded» habe er diesen Flug vorbereitet. «Wäre er in nur einem einzigen Punkt bezüglich Sicherheit nicht hundertprozentig überzeugt gewesen, wäre er nicht geflogen.» Der Nonstop-Flug erforderte volle Tanks. 1700 Liter. Das BAZL habe dafür die Bewilligung erteilt. Und dann ist er am 23. Juli kurz nach dem Take-off in ein Basler Wohnhaus gestürzt. War sofort tot. Dass er im Flugzeug gestorben ist, tröstet die Familie: In dem Umfeld, wo er so viel Herzblut investiert hatte. Wer darf schon so sterben? Kosmopolit sei er gewesen. Der Welt zugetan. Und seiner Familie. 164 Weltrekorde verzeichnete er als einer der weltbesten Experimentalflieger. Hat mit seinen Erdumrundungen und dem Bau seiner Flieger Aviatikgeschichte geschrieben. Und wird immer einer der Besten gewesen sein.

‹

CLAUDIA SIEGRIST
«DAS WESENTLICHE IST GEBLIEBEN.»

«Ein Jahr fliegen, das war mein Wunsch, damals nach meiner Ausbildung zur Krankenschwester. Daraus sind jetzt 25 Jahre geworden. Fliegen, mein absoluter Traumjob! Der erste Langstreckenflug war für mich derartig aufregend, als wären Weihnachten, Ostern und Geburtstag am selben Tag.» Claudia schwärmt von Rotationen in den Achtzigerjahren: 17 Tage Karachi und Peking, eine Woche Caracas. Heute sei das alles kurzlebiger geworden, und seit dem Grounding habe sich enorm viel verändert. Nicht nur zum Guten! Vor 21 Jahren absolvierte sie die Zusatzausbildung fürs First Class Galley: «Eine unglaublich schöne Aufgabe, in der Erstklass-Bordküche für die Pas-

sagiere wirken zu dürfen.» Nach einem halben Berufsleben in der Luft möchte sie heute keinen «Nine-to-five-Job» mehr. Sie schätzt Abwechslung und Freiheiten, welche die Fliegerei trotz vermehrtem Stress und strengeren Einsatzplänen immer noch bietet. Und ihr Zeit für ihr Hobby lässt. Über all die Jahre ist nämlich auch die Leidenschaft für Pferde geblieben. Obwohl sie heute keine Turniere mehr bestreiten kann, verbringt Claudia nach wie vor einen grossen Teil der Freizeit mit ihren Tieren. Seit einigen Jahren leidet sie an Polyarthritis, einer Rheuma-Erkrankung, und hat diesbezüglich viel durchgemacht. Schmerzen gehören heute zu ihrem Alltag. Aber sie ist eine Kämpferin. Und: «Das Wesentliche ist geblieben. Fliegen fasziniert, immer wieder.» ◄

EMANUEL FEMMINIS
SCHWARZE SEELE – WEISSES HERZ

Musik zieht sich wie ein roter Faden durch sein Leben: Das Einzige, was sich nicht verändert hat. Immer da war. Immer bleiben wird. Seit er 1998 mit der Fliegerei aufgehört hat, bleibt dafür sogar mehr Zeit. Viel mehr.

Emanuel Femminis arbeitet bei der FIFA im neuen Hauptsitz auf dem Zürichberg. Ein Traumjob im internationalen Umfeld mit Mitarbeitenden aus über 30 Nationen. Offizielle Sprachen sind Englisch, Französisch und Spanisch. Deutsch kommt an vierter Stelle. Die Exklusivität dieses Arbeitgebers fasziniert ihn: «Nicht vergleichbar mit einer Bank oder Versicherung. Die FIFA ist eine grosse Fussball-Familie – eine junge Mannschaft – mit einem weltweiten Netz. Wir sind ‹Die FIFA›, so, wie wir ‹Die Swissair› waren.»

Emanuel zeichnet als Event-Manager für Kongress-Organisationen und Social-Events verantwortlich. «Es gibt pro Jahr einen FIFA-Kongress. Jedes Mal an einem andern Ort. 2008 war er in Sidney, und 2009 wird er in Nassau sein. Die Vorbereitungen verlangen neun bis zehn Monate intensivste Arbeit. Immerhin müssen rund 650 Delegierte der FIFA, Gäste und Ehrenmitglieder – rund 1200 Leute aus aller Welt – eingeladen und betreut werden. Der Anlass in Sidney verlangt ein ‹Debriefing› und Nassau ein ‹Kick-off-Meeting›.»

Von Fussball hat er nicht viel verstanden und von der FIFA wusste er lediglich, dass sie den Weltfussball vertritt und die WM organisiert. «Ich war unbelastet. Habe jedoch von der menschlichen- und der PR-Seite her das nötige Know-how mitgebracht. Über Fussball weiss ich heute entschieden mehr: Es war nicht ganz einfach, alle Zusammenhänge einzuordnen.»

Wenn er jeweils erzähle, wo er arbeite, ernte er Applaus. «Die FIFA löst einen Wow-Effekt aus. Man fragt mich immer, wie ich zu diesem Job gekommen sei. Ich habe mich bei einer Eventagentur beworben. Da hat mich deren Geschäftsführer gefragt, wie ich es mit dem Fussball habe, und ich antwortete: ‹Na ja …› Er wüsste da etwas, dies sei genau die richtige Stelle für mich, bei der FIFA, versicherte er mir. Ich glaubte keinen Moment daran. Drei Stunden später hat die FIFA angerufen, und die Anstellung war nahezu klar.»

Es gebe FIFA-Mitarbeitende, die seien 100 Tage pro Jahr im Ausland. Das wäre ihm zu viel. Seit Emanuel mit Isabell verheiratet ist und einen achtjährigen Sohn, Matteo, hat, will er nicht mehr für lange Zeit in die Welt hinaus. Er, der Freiheitsliebende und Musiker ist sesshaft geworden: «Die Familie ist mir sehr wichtig, und ich komme – einmal unterwegs – immer wieder gerne nach Hause. Das ist wohl der Wandel der Zeit. Manchmal bin ich selber erstaunt, dass ich eine Familie habe. Aber, älter geworden, ist das Leben, so wie es heute ist, wunderbar.»

Emanuel ist in Thun bei seiner Mutter aufgewachsen. Nach den obligatorischen Schulen hat er das Lehrerseminar in Münchenbuchsee bei Bern besucht. Wurde Lehrer.

Sein Vater – aus Kinshasa – hatte in Fribourg studiert. Weil der Staat sein Studium finanzierte, musste er zurück. Aber die Mutter wollte nicht mit und blieb mit Emanuel in Thun. «Mein Vater hat sich politisch engagiert. War im Aussenministerium tätig. Ist viel gereist. Er war in Wien, Strassburg, Brüssel oder in Genf bei der UNO. Viele Menschen aus aller Welt kannten ihn. Für den Radio-/TV-Sender ‹La Voix de Zaire› (Stimme von Zaire) hat er ebenfalls gearbeitet, denn er war auch Journalist. Als er einmal an einem internationalen Kongress war, kam er im Fernsehen. Da rief meine Mutter: ‹Schau, das ist dein Vater.› Da habe ich ihn zum ersten Mal gesehen.»

Nach einigen Jahren als Primarlehrer in Kiesen bewarb er sich bei der Swissair. Da habe man ihm gesagt, dass die nationale Fluggesellschaft noch nie einen «Farbigen» eingestellt habe. Man müsse erst abklären. Er bekam eine Absage. Da wollte er wissen, warum. Man gab keine genaue Auskunft, sagte ihm aber, dass man seine Unterlagen zu den Pendenzen lege. «Ein Jahr später haben sie mich genommen. Ich begann im Juli 1984 mit dem Grundkurs. Und dachte, dass ich zwei bis drei Jahre fliegen würde. Aber dann hat es mich gepackt. Mit DC-9-Flügen habe ich begonnen, wurde später auf den Airbus, die DC-10 und schliesslich auf den Jumbo umgeschult. Zudem war ich Werbe-Flight-Attendant. Das hat bedeutet, dass ich in der ganzen Schweiz an Informationsveranstaltungen teilgenommen und über den Beruf Flight Attendant informiert habe. In jener Zeit absolvierte ich zusätzlich die Purser-Ausbildung.»

«Sie sagten zu mir: ‹Du hast zwar eine schwarze Seele, aber ein weisses Herz.›»

Fliegen bedeutete ihm alles. Nichts anderes hätte er mehr tun wollen. Fliegen! «Praktisch jeden Tag neue Arbeitskolleginnen und -kollegen, immer neue Passagiere. Ich bin kommunikativ, kann auf die Leute zugehen. Während langen Destinationen reiste ich in die Wüste und in den Dschungel. Habe die Freizeit nicht am Hotel-Pool verbracht. Und hatte Glück, denn ich war für den Rückflug immer rechtzeitig vor Ort …! Auf meinem ersten Kinshasa-Flug habe ich meinen Vater besucht. Die halbe Verwandtschaft hat auf mich gewartet. Ich habe ja niemanden gekannt. Bin als Europäer aufgewachsen. Die Familien meines Vaters leben anders, bescheidener.

Ich war hin- und hergerissen. Man kann nicht viel helfen und möchte doch. Die Afrikaner haben eine andere Mentalität. Sie denken, wenn du etwas hast, was sie nicht haben, kannst du es ihnen ja geben. ‹You have it – you give it. You are our brother.› Das sagen alle Afrikaner zueinander. Als sie merkten, dass ich Europäer bin und nicht anders als die Crew, gab es manchmal Konflikte. Sie sagten zu mir: ‹Du hast zwar eine schwarze Seele, aber ein weisses Herz.›

Die Swissair war für mich am Anfang und während einiger Jahre das ‹Eldorado›. Ich hatte einen Super-Traumjob. Als ich als Purser tätig war, absolvierte ich noch die Ausbildung als Maître de Cabine und flog als solcher sechs Jahre. Es hat mir viel, sehr viel bedeutet. Und doch – plötzlich war ich im Clinch. Veränderungen der Firma, mehr Block- und damit Einsatzstunden, kurze Layover, das heisst kurze Aufenthalte an den Destinationen, Strukturen der Flight Attendants, die sich veränderten. Ich war wütend, weil man die Stimmen der ‹Basis-Mannschaft› ignorierte. Es gab viele gute Leute im Cockpit, in der Kabine und im mittleren Kader, die sahen, was vor sich ging, und die sich zu Wort meldeten: ‹Seht ihr denn nicht, was da läuft? Was abgeht?› Das haben sie mehr aus Verzweiflung gerufen, denn gefragt. Aber es hat geheissen: ‹Mach deinen Job, wir machen unseren.› Mein Empfinden über das, was sich da abspielte, und gleichzeitig die Aufgabe, junge und somit neue Mitarbeitende zu motivieren, das war nicht einfach. Zudem wurden die Passagiere zunehmend anspruchsvoller. Nach zehn Jahren war ich flugmüde. Aber was sollte ich anderes tun? Lehrer wollte ich definitiv nicht mehr sein.»

Während eines Fluges – es war eine 5-Tage-Rotation – arbeitete er mit einer Kollegin zusammen, die hatte ihren letzten Flug. «Als ich sie fragte, was sie in Zukunft tun werde, erzählte sie mir von ihrer Ausbildung als Event-Organisatorin in Deutschland. Das öffnete mir plötzlich die Augen für eine neue Zukunft. Ich informierte mich bei der Schule und meldete mich an. Swissair gab mir einen Spezialvertrag, das bedeutete, dass meine Einsatzpläne auf meine Ausbildung ausgerichtet wurden.»

Einen Tag vor dem Flugzeugabsturz in Halifax, am 1. September, kam Emanuel mit derselben Maschine SR111 in Genf an. «Ich habe praktisch alle gekannt, die Stunden später bei Peggy's Cove in Kanada ins Meer stürzten … Das hat mir schon zu denken gegeben, zu schaffen gemacht. Aber damit nicht genug: Nach Halifax gab es auf einem Flug in den Libanon beinahe einen weiteren Zwischenfall. Es war ein Spezialeinsatz nach Beirut. Zu einer Zeit, als keine Airlines mehr dorthin geflogen sind. Aber weil die Schweiz neutral ist, wurde dieser Einsatz mit Swissair geplant. Ich war vor dem Flug 24 Stunden auf Reserve. Dann der Nachtflug Zürich–Beirut. Wir waren alle nervös. Über Zypern hat das Cockpit nochmals alles gecheckt. Und ein Okay erhalten. Beim Anflug tobte ein heftiges Gewitter über der Stadt. Im Cockpit ertönten komische Signale. Aquaplaning-Gefahr. Die Piste nicht sichtbar. Es gab einen ‹Go-Around›. Danach Kurs auf ein Gebirge, Alarmmeldung Groundkontakt, nur noch 142 Meter over Ground … Nach Halifax war das für mich genug. Aber ich wusste immer noch nicht weiter.»

In der Zwischenzeit war Emanuel verheiratet. Seine Frau glaubte längst nicht mehr daran, dass er mit Fliegen aufhöre. Erst wenn er kündige, wolle sie ihm vertrauen.

Mittlerweile hatte er seine Ausbildung als Event-Organisator abgeschlossen. Und machte ernst: «Okay, ich mache etwas Neues.» Der Sektor-Chef habe es bedauert. Er könne immer wieder zurückkommen. «Any time». Das habe ihm Sicherheit gegeben.

Er hat sich beworben, bei Bluewin gearbeitet, quasi das Proficenter der Swisscom mit aufgebaut: im Sponsoring und Event-Management.

«Bluewin, das war der Internet-Provider in der Schweiz: schnell, dynamisch, neu! Eine Vorzeigefirma. Ich schwelgte im Glück. Die Arbeit hat mir sehr gut gefallen.» Als es wirtschaftliche Probleme gab, wurde Bluewin wieder in die Swisscom integriert. Emanuel suchte eine neue Arbeit. Kam zur FIFA.

Als das Grounding passierte, war er längst nicht mehr bei der Airline. Trotzdem: «Wie alle konnte ich nicht glauben, was passiert war. Niemand konnte es glauben. Ich bin zum Flughafen gefahren, obwohl ich nicht mehr bei Swissair arbeitete, und habe mich um ‹gestrandete› Passagiere aus Afrika gekümmert, das Care-Team informiert und einen gegroundeten Kunden der Swissair nach Hause genommen, ihm Kost und Logis offeriert. Am andern Tag ist der Mann nach Rom geflogen. Hat dann telefoniert. Sich bedankt.»

Emmanuel hat sich später der Clique von Beat Stamm angeschlossen, um bei der Organisation der Swissair-Fairwell-Party zu helfen, die vor Ostern 2002 im Kaufleuten in Zürich stattfinden sollte. Eine kleine Kerngruppe plante diese Party, aus der ein riesiges Abschlussfest wurde. Dabei habe man gar keine Festlaune gehabt, wollte einfach nochmals zusammen sein. Die Swissair begraben. Etwas Neues starten. Einer der besten Kunden der Swissair habe den Leuten gesagt: «Ihr seid die Firma, nicht das Management.» Und Mario Corti sei am Ende des Abends auch gekommen. Lange habe man sich gefragt, ob die anonyme Spende von 25 000 Franken für die Deckung der Unkosten von Lokal und Catering vom letzten Swissair-Chef überwiesen worden sei. Bis heute habe man keine Antwort darauf. «Das Thema für alle war: ‹Es geht weiter.› Das war das Fest. So habe ich das Grounding erlebt. Nicht zu persönlich, da ich ja schon eine Weile weg war. Am Abend spielte ich mit meiner Band. René Caldar, der Kabarettist, las einen Brief von Sofia Loren vor, die wir auch eingeladen hatten; eine treue Swissair-Kundin. Loslassen und aufbrechen, so habe ich das Ende der Swissair erlebt. Alles hat sich verändert, ausser die Musik. Meine Musik. Sie zieht sich wie ein roter Faden durch mein Leben.»

Mit sieben Jahren hat Emanuel zu trommeln begonnen und wurde Mitglied der Kadettenmusik Thun, zu der zwischen 40 und 50 Ordonanz-Trommler gehörten. Im Verlauf der Zeit wechselte er zu Schlagzeug und besuchte während seiner Seminarzeit in Hofwil parallel das Konservatorium Bern und die Swiss Jazz School, wo er die Ausbildung als Schlagzeuger absolvierte und abschloss. Trommeln und Schlagzeug spielen, das war seine Welt: bei der Stadtmusik Zürich, bei der Swissair-Musik unter der Leitung von Kurt Brogli. «Musik fliesst in meinem Blut. Heute ist es vor allem der ‹Funky Sound›. Er kommt aus den Staaten, aus der schwarzen Szene, und ist quasi der Vorläufer der Hip-Hop-Musik.»

Emanuel spielt seit zwei Jahren bei der Gruppe «Zebrano», gemeinsam mit sieben bis acht Musikern. «Wir halten uns an Carlos Santana: rhythmische Perkussion. Afro-Cubana. Der mexikanische Musiker Carlos Santana gilt als einer der virtuosesten Gitarristen unserer Zeit. Seine Platten erreichten ein Millionen-Publikum auf der ganzen Welt; seine Vermi-

> Einer der besten Kunden der Swissair habe den Leuten gesagt:
> «Ihr seid die Firma, nicht das Management.»

schung von Latin-Sounds und Pop machten ihn zu einem Megastar. Gemeinsam mit meinen Musikerkollegen höre ich seine CDs, und dann schreiben wir die Noten auf. Danach beginnen wir zu üben. Musik machen heisst, zuerst und vor allem üben. Immer wieder: üben. Musik bedeutet völlige Entspannung. Erholung. Wenn ich gestresst bin oder erschöpft von der Arbeit nach Hause komme, nicht abschalten kann – mit Musik gelingt das sofort. Danach bin ich völlig entspannt. Aber auch aufgekratzt. Vibrierend. Ein wunderbares Gefühl. Musik zieht mich völlig in ihren Bann. Wenn ich daraus wieder auftauche, muss ich mich ans Leben akklimatisieren ...»

Der rote Faden, der sich durch Emmanuels Leben zieht, ist verwoben zu einem Teppich mit vielen Farben. Rot überwiegt, denn Musik hat ihn immer begleitet. Sie war, ist und wird bleiben. Daneben strahlen die Farben von Familie, Lebensfreude, Reisen, Arbeit; kurz, Leben! Und wäre dieser Teppich in Musik verpackt, hätte er wohl den Namen «Sacred Soul», heiliger Soul. Ein Name, der Heimat ist, der behütet und beschützt. Und immer den Weg zeigt. Das Vorwärts. Die Zukunft. Anfang und Ende. Und der die Welt beinhaltet: schwarze Seele – weisses Herz. ❮

JEFF KATZ
«HE WAS THE BOSS. EVERYBODY'S BOSS.»

«Swissair, das war die beste Fluggesellschaft der Welt. Alle haben das so gesehen. Ich habe die Mitarbeitenden gern gehabt. Mag sie immer noch, auch wenn sie heute einen Swiss-Badge tragen. Ich werde nie vergessen, wie gut diese Leute – weltweit – ausgebildet waren. Sie haben ihr Bestes gegeben.» Als Jeff Katz 1997 zur Swissair kam, wurde aus dem Swissair-Konzern die Luftverkehrsholding SAirGroup. Entschied man sich für die Hunter-Strategie, gründete die Qualiflyer-Allianz. Warum ausgerechnet ein Amerikaner Swissair-Chef wurde, haben damals viele nicht begriffen. «Auch andere europäische Airlines haben Amerikaner geholt. Sie hatten Erfahrung.» Dass Jeff lieber eine andere Strategie verfolgt hätte, ist ein offenes Geheimnis. Er spricht nicht darüber. Und Philippe Bruggisser? «He was the Boss.

Everybody's Boss.» Und: «I was not able to direct a change of strategie.» Weil ihm die Hände gebunden waren, hat er Swissair nach dreieinhalb Jahren verlassen. «Ich bin ein ‹Pusher›, hatte die Gelegenheit, ‹Orbitz› zu gründen, ein Online-Portal. Für meine Karriere war das der richtige Schritt.» Später hat er Orbitz erfolgreich verkauft. Ist heute CEO von «Leapfrog», einem Education Tool, wohnt in den USA und verbringt seine Ferien gerne in der Schweiz. ❮

RUTH STOFER
VOLLKÖSTLERIN

Eine Welt mit Scheren, Zeichnungspapier, Ton und Farben. Eine Welt auch voll Hunger nach Leben, Reisen, Tanzen; Tun. Eine Welt mit Mann, Kind, Haus und Garten: Eine Welt wie einst und doch ganz anders.

Sollen die doch ihren Wochenplan leben, die Schweizerinnen: Am Montag Böden aufnehmen. Am Dienstag waschen. Am Mittwoch bügeln. Am Donnerstag Fenster putzen. Am Freitag einkaufen. So einen Trott in einer derart kleinen Welt hätte Ruth Stofer nie und nimmer leben wollen. Leben wollte sie. Und will es noch immer; ein bisschen verrückt. Und ist ausgeflogen aus der Gemeinde Rothenburg im Kanton Luzern, um Weltenfrau zu werden, Länder, Kulturen, Menschen und deren Bräuche kennenzulernen. Dass sie – auf ihre Art und Weise – der «kleinen Welt» trotzdem treu blieb, verrät allein die Tatsache, dass sie Schere, Papier und Farben stets im Handgepäck verstaut hatte. Um immer und überall das tun zu können, was sie einst im kleinen Dorf Rothenburg begonnen hatte: Scherenschnitt.

Gemeinsam mit fünf Geschwistern ist sie auf einem grossen Bauernhof aufgewachsen. Schüchtern sei sie gewesen. Jedoch offen für alles Neue. Die Kunstgewerbeschule besuchen, das war ihr Traum. Aber der Vater bestand darauf, dass sie einen richtigen Beruf erlernte. So absolvierte sie die Bäuerliche Hauswirtschaftslehre in Sempach. Anschliessend machte sie eine Lehre als Verkäuferin in einer Bäckerei in Emmenbrücke, und schliesslich besuchte sie noch eine Handelsschule. Dem Wunsch, mehrere «richtige» Berufe zu lernen, hat sie Folge geleistet …

Dann wollte sie Dekorateurin werden; ein weiterer Traum. Doch wegen Lehrstellenmangels hätte sie nach Zürich gehen müssen; für sie damals eine Weltstadt: diese Tatsache hat sie davon abgehalten, sie, die erst nach der obligatorischen Schule die Stadt Luzern richtig kennengelernt hatte. «So war das auf dem Land …» Und so kam sie in die Gemeindeverwaltung in Rothenburg. So aber hatte sie sich das Leben nicht vorgestellt. «Ich habe getanzt. Immer getanzt, Jazztanz, das war meine Leidenschaft. Und tanzend wäre ich liebend gerne durch die Welt gezogen. So habe ich mich bei ‹Up with People› in Oslo beworben. Das ist eine Gruppe von jungen Menschen aller Nationen, die – ich sage jetzt mal musizierend und tanzend – die Welt auch heute noch bereist und somit genau das realisiert, wovon ich träumte.»

Gleichzeitig hat ihr jemand aus dem Bekanntenkreis über das Fliegen und das Leben als Flight Attendant erzählt. «Das hat mich sehr fasziniert – jedoch schien diese Möglichkeit für mich unerreichbar. Ich dachte, ich sei zu wenig hübsch. Zu wenig gross. Ich meinte, man müsse so eine Art ‹Model› sein. Aber der Gedanke liess mich nicht mehr los. Ich begann Geld zu sparen und reiste nach England und Frankreich, um die Sprachen zu lernen. Mit jedem

Schritt weiter weg von der Schweiz ist meine Begeisterung für die Welt gewachsen. Deshalb war die Entscheidung, ob ich mich bei der damaligen Charter-Airline Balair oder bei Swissair bewerben sollte, nicht ganz einfach. Balair hätte mich mehr gereizt, weil ich schneller die Möglichkeit gehabt hätte, die Welt zu sehen. Swissair, das bedeutete zwei Jahre Europa-Flüge. Doch jemand belehrte mich, Swissair sei für die Zukunft sicherer. So habe ich mich bei der nationalen Airline beworben, kam durch und war plötzlich an einem Ort, den ich mir nie hätte träumen lassen, weil er mir unmöglich schien. Eigentlich wollte ich ja Künstlerin sein und als solche die Welt bereisen; tanzend. Und da war ich plötzlich bei der Swissair. Unfassbar!»

«Mit jedem Schritt weiter weg von der Schweiz
ist meine Begeisterung für die Welt gewachsen.»

Ruth bestätigt, dass die Europa-Flüge extrem streng gewesen seien, dass sie aber durchgehalten habe, weil sie die Welt sehen wollte. «Welche andere Tätigkeit hätte mir ein derartiges Bild von der Welt offeriert…? Aber, es musste verdient werden.»

Fliegen und die Swissair bedeuteten ihr plötzlich unglaublich viel. Sie begann, Grossstädte zu lieben und auch in der Freizeit zu reisen. Südafrika, Namibia, Kenia, Japan … Sie hat den Kilimandscharo und den Fujisan erklommen und meint: «Es gäbe noch manchen Gipfel …» Auch Amerika hat sie beeindruckt: «Ah, das ist also die grosse Welt, habe ich gedacht. Aber dem Land fehlt der Charme, die Kultur auch. Afrika, das hat mich fasziniert. Obwohl die Leute oft kein Englisch sprechen, kommunizieren sie mit Gesten, Schalk und Charme. Lachen öffnet die Herzen und die Lebensfreude zeigt, wie diese Menschen fühlen – und wie wir fühlen. Sie sind stolz, die Afrikaner, gehen einen aufrechten Gang, ohne je Haltungsturnen gehabt zu haben. Das Erdige, die Verwurzelung mit dem Boden, das Ursprüngliche, Natürliche und gleichzeitig Traditionelle beeindrucken mich auch heute noch. Die Swissair hat mir die Welt geöffnet. Und die Augen, für einen neuen, auch kritischen Blick auf die Schweiz.»

«Ein Lachen öffnet die Herzen und die Lebensfreude zeigt, wie diese
Menschen fühlen – und wie wir fühlen. Sie sind stolz, die Afrikaner,
gehen einen aufrechten Gang, ohne je Haltungsturnen gehabt zu haben.»

Ruth fühlte sich so glücklich, dass sie zeitweise zu vergessen schien, dass sie noch andere Träume leben wollte. Die Gesundheit meldete sich und stellte ihr einige Denkaufgaben: «Die Zeitverschiebung hat mich enorm belastet, und zwar mehr mental als körperlich. Ich brauchte sehr viel Zeit, um mich zu erholen. Es fehlten mir Pfiff und Power, und ich begann zu kränkeln, konnte nur schlecht schlafen. So nicht mehr, dachte ich erstmals: Aber was dann?» Ruth versuchte auf 50 Prozent zu reduzieren. Aber das ging nicht. «Wie gerne hätte ich Kunst und Fliegen kombiniert. Ich musste über die Bücher, dachte, dass ich jetzt wohl zu alt sei für die Kunstgewerbeschule. Immer wieder spielte ich mit dem Gedanken, Kunst und Sport in mein Leben zu integrieren. Doch wie ich das hätte aufgleisen und dabei noch genügend Geld für den Lebensunterhalt verdienen sollen, das war mir absolut unklar. Ein weiser Mensch hat mich gut beraten. Er sagte: ‹Mach jetzt das, was du mit 50 Jahren nicht mehr so schnell und einfach anpacken würdest.› Dieser Satz hat vieles geklärt. Unter den vielen Unterlagen und Dokumentationen waren auch Informationen über eine Ausbildung als Wellness-Trainerin.» Sie konnte das Pensum auf 80 Prozent reduzieren und bewältigte während der nächsten zwei Jahre berufsbegleitend – wohlverstanden – die Ausbildung. Nun war sie «in Bewegung» – ein lang ersehntes Ziel.

Halifax, das sei ein Moment gewesen, da sie sich innerlich zu distanzieren begann. «Ich dachte: Wow, Glück gehabt. Das hätte auch dich treffen können. In jener Zeit hat sich in mir etwas gelöst, was schwer erklärbar ist, was mir aber bewusst machte, dass es nicht nur die Fliegerei gibt.» Sie lernte ihren künftigen Mann kennen. Einer, der ihre Scherenschnittaufträge im Siebdruck umsetzte. Keiner aus der Airline-Branche. Ein Künstler auf seine Art. Das hat ihr gepasst. Sie war 33 und dachte darüber nach, Mutter zu werden.

Als sich die ganze Schweiz über das Grounding wunderte, wanderte sie auf der Rigi und wurde per SMS informiert. «Ich fragte mich, ob mir jetzt wohl eine Entscheidung abgenommen würde …» Es hat sie nicht so einschneidend getroffen wie andere. «Weil ich mich innerlich bereits seit längerer Zeit anders orientiert hatte. Ich dachte, dass ich mir einen Job als Wellness-Trainerin suche und nebenbei Scherenschnitte anfertige, Bilder male, lang ersehnte Kurse besuche und Ausstellungen realisiere.»

Nach dem Grounding arbeitete sie noch eine Weile bei der Swiss. Als sie schwanger wurde, hörte sie mit der Fliegerei auf. 2003 gebar sie ihren Sohn Lars. Die familiären Umstände ermöglichten es ihr nicht, bei Swiss weiterzufliegen. «Die Uniform habe ich schweren Herzens abgegeben. Aber ich wusste, wo sich Fenster schliessen, öffnen sich Türen.»

Malen, gestalterisch arbeiten, modellieren – und den traditionellen Scherenschnitt weiter verbessern und vertiefen, Papier einfärben, Ausstellungen planen, ein Kinderbuch illustrieren – so hat sie sich das ausgedacht. Wie sie über ihre Leidenschaft, den Scherenschnitt, spricht, erinnert sie sich: «So war ich eben: Auf der ganzen Welt haben mich Scheren und Papier begleitet. Und wann immer ich Zeit gefunden habe, begann ich zu schneiden. Heute ist das ein bisschen anders. Scherenschnitte brauchen viel Zeit. Und Ruhe. Und genau das fehlt. Im Moment lebe ich ein anderes Leben. Und finde nicht mehr die nötige Zeit und Ruhe, um Scherenschnitte anzufertigen.»

Die Frau aus Rothenburg, die ausgeflogen war, um die Welt kennenzulernen, ist heute nur einige Kilometer vom früheren «Nest», wie sie selber sagt, heimisch geworden. «Und nun lebe ich einen typisch schweizerischen, geregelten Tages- und Wochenablauf.» Sie lacht. «Nein, natürlich nicht. Ich tanze weiterhin aus der Reihe. Gehe meinen eigenen Weg. Habe

Haus, Garten, Familie und bin Mutter. Und der Drang, mit Farben zu malen, mit Ton zu modellieren ist gross. Eine kleine, eigene Werkstatt, das ist mein grösster Wunsch.»

Langweilig wird es Ruth nie werden. Weil der Wunsch nach mehr Freizeit gross ist, nach Zeit, wo sie ihre kreativen Ideen umsetzen kann. Aber zurzeit ist sie zu Hause und für Lars und ihren Mann da. Unterrichtet Sport, arbeitet im grossen Garten und modelliert farbige Vögel.

«Aber», sagt sie, «das stimmt so für mich. Auch wenn ich zum Himmel schaue, wenn ich ein Flugzeug sehe und denke, da war ich auch einmal, und jene beneide, die in diesem Moment nach Hongkong, Bangkok oder Nairobi fliegen. Es kann schon vorkommen, dass mich in einem solchen Moment Wehmut packt. Aber nur für eine Sekunde. Dann bin ich wieder im Hier und Jetzt.» ❮

URS EICHER
SANDWICH-POSITION

Ein begeisterter Kundendienstler, ein absolut überzeugter «Flieger» und Maître de Cabine, der mit Freude und grossem Engagement Crews führt und motiviert. Bei Swiss kennt man ihn noch besser als bei Swissair, denn seit Januar 2002 ist Urs Eicher Präsident der Kapers, der Gewerkschaft für das Kabinenpersonal in der Schweiz. Mediengewandt, telegen, positiv und immer vorausschauend nimmt er seine beiden Aufgaben wahr. Übers Fliegen sagt er: «Heute sind unsere Tage lang und unsere Rotationen streng. Aber wenn eine tolle Teamleistung einen guten Flug ermöglicht, betrachte ich den Einsatz als einen gewonnenen Tag.»

Urs Eicher ist auch nach 35 Jahren kein bisschen müde. Wenigstens nicht vom Fliegen. «Fliegen, das ist mein Lebenselixier. Das Salz in der Suppe. Ich habe nie Schwierigkeiten mit den Zeitverschiebungen, keine Probleme mit dem Klimawechsel, und essen kann ich auf der ganzen Welt alles. Auf der Strasse oder bei Einheimischen ein Hühnerbein verschlingen, das schmeckt oft besser als irgendein Fleisch oder Fisch mit Mayonnaise in den besten Hotels. Ja, vielleicht habe ich einfach auch Glück gehabt. Ich mag die lokale Küche, wo immer ich auf der Welt bin. Und ob ich bei 35 Grad Plus oder bei 20 Grad Minus an die frische Luft gehe, spielt für mich keine Rolle.»

Bis zum Grounding ist er 100 Prozent geflogen. «Nein», unterbricht er, «als die beiden Kinder noch klein waren, flog ich 80 Prozent. Das war die beste Zeit. Ich war ein überzeugter Hausmann. Es gab keine Frauen- oder Männerarbeit. Wir, meine Frau Dolores und ich, haben immer alles gemeinsam gemacht. Uns aufgeteilt. Und das mit einer absoluten Selbstverständlichkeit. Deshalb leben wir bis heute in einer guten und lebendigen Partnerschaft, die trägt.»

Das kann er brauchen, denn während der letzten Jahre hat er mehr geleistet, als ein Durchschnittsbürger sich vorstellen kann. Seine Position als Maître de Cabine und sein Engagement für die Gewerkschaft haben ihn überdurchschnittlich viel Zeit und Kraft gekostet. Nicht einfach war es, die beiden Tätigkeiten nebeneinander zu managen. Ist es auch heute noch nicht. Nachtschichten gehören zu seinem Doppeljob. Und jener bei der Gewerkschaft hat ihn zeitweise ganz schön strapaziert: «Die Sandwich-Position ist teilweise kaum auszuhalten. Druck von unten, Druck von oben. Die einen sagen, ich sei zu weich und zu nachgiebig, und die anderen sagen, mit meinen Forderungen würde ich Firma und Arbeitsplätze gefährden. Das ist verdammt schwierig.» Mehr zufällig sei er in die Gewerkschaft hineingerutscht, denn über lange Zeit sei er nur am Rande mit der Kapers verbunden gewesen. Einmal im Jahr habe er mit der Basler Sektion diskutiert, um die Anliegen und Interessen des Fliegenden Personals aus der Region anzubringen. «1999 wurde ich in eine Arbeitsgruppe eingeladen, um den letzten Gesamtarbeitsvertrag (GAV) mit der Swissair auszuhandeln. Dass es der letzte sein würde, haben wir damals jedoch noch nicht geahnt …»

Kapers ist die einzige Gewerkschaft in der Schweiz, die das Kabinenpersonal vertritt. Sie gilt als Fach-Gewerkschaft, und ihre Kunden sind Flight Attendants, die für Airlines arbeiten, die in der Schweiz domiziliert sind. «Ich bin kein bezahlter Funktionär, sondern ein Maître de Cabine, der sich für seinen Berufsverband interessiert und sich nach bestem Wissen und Gewissen und mit grossem Engagement einsetzt. Das wird vom Gegenüber wahrgenommen. So habe ich auch schon gehört: ‹Wie du verhandelst, so könnten wir nicht verhandeln. Wir hätten den Biss nicht.› Das unterscheidet die Kapers von einer Profi-Gewerkschaft. Wir sind von den Resultaten direkt betroffen. Was man aushandelt, erlebt man später selber, steckt mittendrin, und dies verlangt nach einer anderen Verbindlichkeit.»

Als Kapers-Präsident hat Urs im Schweizer Fernsehen praktisch keine Arena zum Thema Swissair verpasst. Zudem war er mehrmals bei Markus Gilli im «Talk Täglich» von Tele Zürich. Auf solche Sendungen habe er viel Feedback von wildfremden Menschen erhalten. Freude habe er dabei empfunden, und immer auch Dankbarkeit. Trotzdem: Eine überdurchschnittlich anstrengende Zeit sei das gewesen. «Manchmal habe ich mich gefragt, warum ich mir das eigentlich antue. Präsident der Kapers zu sein, ist kein Amt, bei dem man Geld verdienen kann. Es ist eine Aufgabe wie die eines Maître de Cabine: Entweder man macht sie mit grossen Emotionen und grossem Engagement, oder man lässt sie bleiben.» Bei manchen Gesprächsrunden seien die Fetzen geflogen. Heftig. Sepp Moser und Ueli Maurer seien die Gegner gewesen. «Und wenn man mir dann später sagte: ‹Nimm es doch nicht persönlich›, habe ich manchmal schon gehadert. Wie soll man es denn nehmen, wenn man eine Aufgabe mit derart viel Herzblut angeht, ohne Zeitlimite arbeitet, jederzeit zur Verfügung steht? Wie wäre es wohl, wenn ich es nicht persönlich nähme, da würde ich ja die Aufgabe nicht ernst nehmen.»

Wie kam es aber zu diesem «Hineinrutschen» in eine derart wichtige Position in der wohl schwierigsten Zeit der Airline-Geschichte? Im Frühling 2001 habe der damalige Präsident der Kapers, Martin Guggi, ihn gefragt, ob er nicht enger mit ihm zusammenarbeiten wolle, man müsse neue Strategien entwickeln. Von rund zwei Tagen pro Monat sei die Rede gewesen. «Was dann bei Swissair im Frühling und Sommer geschah, im Oktober mit dem Grounding und im März 2002 mit dem Untergang der Firma endete, ist kaum zu beschreiben. Auf jeden Fall begann sich, nachdem Mario Corti an die Spitze kam, die Arbeit in der Gewerkschaft zu intensivieren. Jemand hat mich aufgefordert, mir Gedanken zu machen, ob ich – falls Martin Guggi abträte – das Amt übernähme. Das hat mich mehr als überrascht. Ich hatte ja keine Vorstandserfahrung. Zwei Monate lang dachte ich über diese Möglichkeit nach. Im Sommer 2001 war ich im Briefing für einen Flug nach Osaka. Da hat mich Jörg Drittenbass, ein Vorstandsmitglied der Kapers, abgefangen mit der ultimativen Aufforderung, für dieses Amt zuzusagen. Der Vorstand habe einstimmig zugestimmt. Ich erinnere mich haargenau an seine Worte: ‹Urs, mach das. Der Gesamtarbeitsvertrag ist unter Dach und Fach. Der Vorstand ist gewählt. Das gibt fünf ruhige Jahre.› Worauf ich mit Zuversicht, dass es mich ja sicher nicht brauchen würde, zugesagt habe. Das war im August 2001. Danach haben sich die Ereignisse überschlagen.»

Urs erinnert sich an das «Montags-Briefing» von Mario Corti, als dieser die Spitzenleute der Gewerkschaften über die damalige aktuelle Lage informierte. Und er erinnert sich auch an die Pressekonferenz im «Hilton» in Kloten, kurz vor dem Grounding. Damals, am 2. Oktober, sei er im Büro gewesen. Zuerst seien die Flieger in London am Boden geblieben. Später habe man in Kloten keinen «Most», sprich Kerosin, mehr bekommen. Am Mittag habe man den Betrieb eingestellt. Im Operation Center (OPS) sei es chaotisch zu- und hergegangen. «Das Grounding, das uns da passiert ist, war für die Schweiz ein gewerkschaftlicher und politischer Super-Gau! Da fand ich mich sehr schnell in einer Rolle, die für mich völlig neu war. ‹Jetzt muss man die Parlamentarier holen›, sagte ich und ging das erste Mal nach Bern ins Bundeshaus, in die Bundeshausfraktion der Sozialdemokratischen Partei, um dort vorzusprechen. Als SP-Mitglied wollte ich meine Partei hören. Grosse Unterstützung bekam ich vor allem von Susanne Leutenegger Oberholzer. Gottlob konnte ich mit ihr zusammen die SP-Fraktion überzeugen, dass man den Überbrückungskredit für die Swissair gutheissen müsse, damit bis März 2002 weitergeflogen werden konnte.»

Urs spricht von der Demonstration in Bern vor dem Bundeshaus, bei der er als letzter Redner die Schlussworte improvisierte und die Leute dazu aufforderte, die Veranstaltung so friedlich zu beenden, wie sie angefangen habe. Ein grosses Dankeschön schenkte er der Polizei, da diese sich fair verhalten hatte, denn während der Session durften und dürfen in der Regel auf dem Bundesplatz keine Demonstrationen stattfinden. Nun wird er emotional: In Olten seien die Zugführer der SBB gekommen und hätten gesagt: «Nur damit ihrs wisst: Für euch wären wir auch gratis gefahren.» Es herrschte eine riesige Solidarität in der ganzen Schweiz, die bis heute berührt …

Tage nach dem Grounding habe man die Balair aus dem Konstrukt der SAirGroup herausgelöst und zur Belair gemacht, was zur Folge hatte, dass die Vizepräsidentin der Kapers, Anita Fleck, sofort aufhören musste, denn Hotelplan, der die Balair übernommen hatte, erlaubte keine Gewerkschaften. «So wurde ich Vizepräsident der Kapers, rund einen Monat später, wegen des unerwartet schnellen Abgangs von Martin Guggi im November, Kapers Co-Präsident. Im Januar 2002 ging das Amt dann ganz auf mich über.» Die Aufgaben seien mehr als nur fordernd gewesen. «Die Frage, wie bringen wir das Konstrukt Swissair in die neue Firma – die kleine Crossair – ein, und das zu einem Zeitpunkt, als wir ja überhaupt nicht wussten, ob das Vorhaben funktionieren würde, war allgegenwärtig. Zusätzlich galt es genau in jener Zeit, über einen Gesamtarbeitsvertrag zu verhandeln, mit der grossen Unsicherheit, ob die Flieger der neuen Firma überhaupt je abheben würden.»

Später, etwa 2003, wurde Urs in der «Arena» des Schweizer Fernsehens einmal gefragt, ob sich die Investitionen in die Swiss gelohnt hätten. Die Antwort kam wie aus der Kanone geschossen: «Für mich ist es ganz klar, dass sich diese gelohnt haben, da man damit 50 000 Arbeitsplätze retten konnte. Mit dem Netz waren viele Zuliefer-Firmen verbunden. Wer an eine Airline denkt, sieht immer nur die Piloten und die Flight Attendants. Aber es gehörten noch Tausende von Arbeitsplätzen dazu, die indirekt vom grössten Anbieter des Flughafens, der damaligen Swissair, abhängig waren.» Erschütternd sei es gewesen, in die Entlassung von

Mitarbeitenden eingebunden zu sein. Rund tausend Leute aus der Kabine. «Wenn man eine Zahl sieht, ist das die eine Seite. Aber wenn man mit den Namen und somit den Menschen hinter den Zahlen konfrontiert wird, Kolleginnen und Kollegen, mit denen man geflogen ist, wird's emotional, tragisch und sehr traurig: Das ist die andere Seite. Und – man stelle sich vor – 2003 hat die Swiss nochmals 650 Flight Attendants entlassen. Menschen, die von der Welt träumten, von ihrem Traumberuf und vom Fliegen ...»

Urs hat in jener Zeit an allen Fronten geholfen. Vermittelt. Getröstet. Vorgesprochen. Beruhigt. Beschwichtigt. Und manchmal geschwiegen. Mitarbeitende umarmt. Umarmungen hat es gebraucht, als alle sprachlos waren. Und Worte fehlten. Stimmen versagten. Und Urs Eicher, der nicht geknickt, sondern aufrecht stand. Mit starken Armen. Und persönlicher Anteilnahme. Ihn hat es sehr gebraucht. Er erlebte in jener Zeit nach dem Grounding so etwas wie ein Déja-vu. Schon einmal hatte er Menschen umarmt. Wie er sich erinnert, kommen ihm die Tränen. «Zwei Ereignisse hat es gegeben, die mich erschüttert haben wie nichts sonst im Leben: Halifax und das Grounding.» Und er schaut zurück auf jenen 3. September 1998, als er in Japan einen Kurs zur Service-Verbesserung an Bord hätte geben müssen. Dieser sei jedoch wegen des Flugzeugabsturzes annulliert worden, und darum bekam er freie Tage. Aber er wurde gesucht und gebraucht: «Man hat mich angefragt, ob ich ins OPS kommen könne, um mich der Crew-Mitglieder anzunehmen. Unterstützung zu geben. Selber schockiert vom Absturz der SR111, weil so etwas für die Swissair nicht denkbar gewesen ist, hat mich die Aufgabe zu trösten selber getröstet.» Erlöst sei er gewesen, etwas tun zu können. «Anwesend sein, das war das Wichtigste. Ein bekanntes Gesicht sehen. Sich umarmen. Beim Crew-Ausgang musste man auch gar nichts sagen, man sah sich an. Hat sich gehalten. Das war mehr als tausend Worte.»

In jedes Briefing sei er gegangen an jenen Tagen, um sich um die Crews zu kümmern, zuzuhören, zu trösten. Und hat somit die arbeitenden Maîtres de Cabine entlastet, die ja selber auch sehr betroffen waren. «Ich habe ihnen die Tränen abgenommen, damit sie sich später auf die fachlichen Themen konzentrieren konnten.»

Mit der Trauer um das, was passiert sei, habe sich bei manchen auch ein Ventil für bestehende private Probleme geöffnet: Eheprobleme, Flugangst, Existenzprobleme, Zukunftssorgen und so weiter. Da man Urs Eicher kannte, hat man seine Anteilnahme geschätzt. Gewusst, dass da einer ist, der Bescheid weiss, der den Service-Verlauf an Bord kennt und mit den Abläufen in einer Flugzeugkabine vertraut ist. Theorien waren nicht gefragt. Dass er einer von ihnen war, hat ihn mehr befähigt als jeder extern Geschulte. «Da haben steinharte Militärflieger und Swissair-Piloten geweint. Piloten, gestandene Männer, hat es vor Schluchzen wie weggespült.»

Halifax ist noch immer präsent. Berührt nach wie vor. Ist nicht vergessen. Nicht vergessen ist auch die Anwesenheit von Urs Eicher. Er war da. Hat getröstet. Und so wurde er unter vielen hängenden zur aufrechten Tulpe, jenen weissen Blumen, die damals im OPS, in Vasen aufgestellt, sinnbildlich für das immer wieder neue Sich-Aufrichten standen. Beat Pfändler hat Urs Eicher später das Bild geschenkt mit den Worten: «So bist du. Wie eine sich immer

«Da haben steinharte Militärflieger und Swissair-Piloten geweint.»

wieder aufrichtende Tulpe. Du hast uns aufgerichtet.» Und so gibt es von Urs Eicher kein Porträt, sondern das Tulpenbild. Kafkaesk...? Tragische Ereignisse wie Halifax und das Grounding haben Menschen verändert. Sie weicher gemacht. Einfühlsamer. Offener für das Schicksal und das Leid von Kolleginnen und Kollegen. Für den Schmerz der Welt. Auch für jenen, der keinen Namen hat.

Urs, der 1952 in Basel geboren wurde und mit zwei jüngeren Schwestern aufgewachsen ist, besuchte nach den obligatorischen Schulen eine streng katholische Klosterschule am Genfersee: «Ich ging als Knabe hinein und kam als Mann heraus.» Er absolvierte später eine Verkaufs- und Detailhandelslehre, verlebte sechs Monate im Kibuzz beim Pflücken von Orangen und Grapefruits, bevor er am 16. Dezember 1974 den Grundkurs für Flight Attendants bei Swissair absolvierte. «Für mich war es ein Traumziel. Nicht nur das Fliegen, sondern die Möglichkeit, auf diese Art die Welt kennenzulernen. Ich hätte mir damals keine Reisen leisten können. Und somit wurde Swissair ‹mein Tor› zur Welt.»

Mit 58 will er sich pensionieren lassen. Wird dann 35 Flugjahre hinter sich haben. Luftlöcher-erprobt ist man nach einer derart langen Zeit als Flight Attendant. Im Engadin wartet ein kleiner Ort auf ihn und seine Frau. Dorthin wollen sie sich künftig vermehrt zurückziehen. Der Mietbeginn seiner Wohnung begann just am Tage des Groundings – und sollte zukunftsweisend sein. Urs Eicher ist zufrieden. Und dankbar für das Erlebte, auch für das Schwere. «Nein, die gute alte Swissair wäre heute auch nicht mehr jene Firma, die sie mal war: Um Restrukturierungen wäre sie nicht herumgekommen. Aber das Thema erübrigt sich...» ◄

KONRAD TRÜMPLER, STEFAN CONRAD, SERGIO GIORDANI, URS PFÄNDLER
SIE STEHEN ALLE ANDERSWO IM LEBEN

Rudern. Fliegen. Wasser. Luft. Vier Männer teilen Leidenschaften und Wegstrecken, die sie auf immer miteinander verbinden werden. Sie treffen sich – wie bereits fürs erste Bild – im Bootshaus in Wollishofen in Zürich, um über Halifax, das Grounding und das Ende der Swissair zu sprechen. Aber auch über Neuanfang, Veränderung und das, was man möglicherweise aus Extremsituationen lernen kann.

Jeder hat seine Sicht. Seine Gefühle. Trainierte Sportler, abgehärtete Männer, einer sogar Weltmeister, scheuen sich nicht, über Emotionen, Wut, Frustration und zerstörte Hoffnungen laut nachzudenken. Wer sind sie?

Konrad Trümpler: «Ich war nie ein Junge, der vom Fliegen träumte. Das war kein Thema.» Als aktiver Ruderer auf hohem Niveau, nahm Konrad an Olympischen Spielen teil, war mehrmals Gewinner und einige Male auch Verlierer, was sein Leben mitgeprägt hat. Weil er sich nach der Matura nicht für eine Studienrichtung entscheiden konnte, lernte er Fluglotse und arbeitete bei «Radio Schweiz AG», der heutigen «Skyguide». Auf deren Kosten erwarb er zu jener Zeit auch die Privatpiloten-Lizenz, die zur Ausbildung gehörte. Nachdem seine Sport-Karriere abgelaufen war, meldete er sich bei Swissair, wurde Copilot und fliegt heute als Kapitän auf A320.

Stefan Conrad war Militärpilot und kam bereits in den frühen Siebzigerjahren zu Swissair, flog ab 1976 als Copilot auf dem Kurz- und Langstrecken-Netz der Airline, wurde 1990 Kapitän und fliegt heute A330 und A340. Nebenbei zeichnete er von 1995 bis 2004 als Trainingsverantwortlicher der Swissair und der Swiss sowie als Verantwortlicher bei den Airbus-Einführungen. Zudem hat er nach dem Grounding mit seinem Trainingsteam den Zusammenführungsprozess zwischen Swissair und Crossair zur Swiss begleitet.

Sergio Giordani studierte Publizistik, Germanistik und italienische Literatur und meint, dies sei eigentlich nicht die Ausgangslage für den Pilotenberuf. Fliegen habe ihn jedoch schon als Kind fasziniert, und daher sei er öfter mit dem Velo zum Flughafen gefahren. Als er an der Uni an einem Anschlagbrett gelesen habe, dass die Swissair Piloten suche, habe er sich beworben. Sei anfänglich total locker an die Selektion gegangen, was – so meint er – ihm geholfen habe, die ersten Hürden zu nehmen. Er besuchte 1983 die Schweizerische Luftverkehrsschule (SLS) und war ab 1. Oktober 1984 als Copilot unterwegs. Seit 1998 fliegt er als Kapitän A320, seit 2001 auch A330. Und seit März 2009 sitzt er neu als Chef im Cockpit der A340. Das Bootshaus in Wollishofen bedeutet ihm viel: «Es ist Teil meines Lebens.»

Urs Pfändler kam 1977 als Flight Attendant zur Swissair, flog drei Jahre in der Kabine, absolvierte später die Bodenausbildung und lernte auf diesem Weg die Airline von der Pike auf kennen. Er wirkte im Ausland als Stationsmanager, und als er wieder an den Hauptsitz nach Kloten kam, war er Leiter für ausländische Flight Attendants. Er hat mit dem Ende der Swissair, am 31. März 2002, das Airline-Business verlassen, arbeitet heute in der Erwachsenenbildung bei einem Versicherungskonzern in Zürich. Man habe ihm bei Swiss noch eine Stelle angeboten. Weil man ihn gekannt habe. Die Stelle wäre interessant gewesen. Doch er entschied sich für den externen Weg. Weil er nicht aufgrund seiner Person, sondern aufgrund seines Könnens und damit seiner Qualifikationen hätte befördert werden wollen.

Swissair war die beste Airline. Diesen Ruf hatte sie auf der ganzen Welt. Erstklassiger Service, garantierte Sicherheit und professionelle Mitarbeitende zeichneten die Firma aus, die für exzellente Sozialleistungen garantierte. Jedenfalls war das früher so. Dann, als in der Nacht vom zweiten auf den dritten September 1998 ein Flugzeug vor Halifax abstürzte, begann – so scheint es rückwärts evaluiert – der langsame Zerfall der einst weltbesten Fluggesellschaft. Wenn **Sergio Giordani** darüber spricht, ist er ernst. «Wir haben gute Kollegen und Kolleginnen verloren. Und viele Kunden. Kapitän der Unglücksmaschine, Urs Zimmermann, war derjenige Mann in der Firma, der zum Thema ‹Feuer an Bord› bestimmt am besten Bescheid wusste. Es gab keinen, der sich intensiver mit diesem Thema auseinandergesetzt hatte. Ja, der menschliche Verlust, der schmerzte sehr. Aber es gab auch noch etwas anderes: Wir alle hatten stets das Gefühl, dass unserer Swissair so etwas nie passieren würde. Mit diesem Unfall haben wir unseren ‹Nimbus› verloren.» **Stefan Conrad:** «Ich war sicher, dass uns nichts passieren kann. Seit über zehn Jahren weiss ich nun, dass das so nicht stimmt. Der Unsicherheitsfaktor begleitet mich, und ich weiss, dass immer etwas passieren kann. Und dann ist da noch etwas: Ich empfinde auch heute noch Wut und Unsicherheit, weil man bei Airlines nicht nur nach betriebswirtschaftlichen Grundsätzen handeln und dabei Sicherheitsfragen ausblenden darf. Wir Piloten haben gekämpft. Aber das hat nichts genützt. Wir wurden nicht gehört. Hatten zu wenig Einfluss.» Das neue Unterhaltungssystem wurde eingebaut, weil Swissair den Kunden etwas bieten wollte. Und weil man zu den ersten Airlines mit einem solchen Angebot gehören wollte. Die Vermutung, dass Kabel des Unterhaltungssystems Feuer gefangen haben, bleibt Hypothese. Bewiesen ist nichts. **Konrad Trümpler:** «Es gibt auch die Theorie der Cockpit-Lampen. Es gab Fälle, da diese zu heiss geworden waren. Das, was unsere Kollegen erlebt haben, ist eine Situation, wie wir sie uns in den schlimmsten Albträumen vorstellen: Top Emergency und deine vertraute Cockpit-Umgebung ‹spinnt›. Es überschnitten sich ja wegen der mehrfachen elektrischen Kurzschlüsse diverse Systemprobleme. Zudem war alles extrem unübersichtlich. Ja, das beschäftigt mich auch heute noch sehr.» **Sergio Giordani:** «Das Vorgehen bei einem Notfall hat sich seit Halifax um 180 Grad geändert. Während man früher mit Systemkenntnissen und Checklisten das Problem zu ergründen und zu isolieren suchte, macht man heute faktisch keine Analyse mehr, sondern sucht sofort den nächsten Flughafen. Da hat ein grosser Wandel stattgefunden. Und zwar

«Das Vorgehen bei einem Notfall hat sich seit Halifax um 180 Grad geändert.»

nicht nur bei Swissair, sondern bei allen Airlines auf der ganzen Welt.» **Stefan Conrad**: «1999 hat man bei Swissair Flight Safety und im Training in der Bewältigung von Halifax grosse Anstrengungen unternommen, um die Philosophie zu wechseln. In Präsentationen haben wir provozierend und im Headline-Style gesagt: ‹Wenn es in der Kabine irgendwo Rauch hat und man nicht weiss, woher dieser kommt, gilt es, auf 2000 Fuss abzusinken.› Eine kontrollierte Wasserung ist immer noch besser als ein unkontrollierter Absturz. Das hat viele Diskussionen ausgelöst.» Die Verantwortlichen von Flight Safety und Training gingen zu Boeing und Airbus. Haben sich in Meetings dafür eingesetzt, dass die Checklisten geändert wurden. «In nur einem Jahr wurden diese Änderungen erreicht. Umgesetzt. Weltweit. Man hat auf uns gehört, weil wir, was Sicherheit betrifft, einen ausgezeichneten Ruf hatten. Das ist auch heute noch so, auch wenn wir jetzt Swiss heissen.»

Halifax, das war ein unvorstellbarer Einbruch in die nahezu makellose Firmengeschichte der Swissair. Es brauchte Zeit, um das zu verarbeiten. Es kam der erste Jahrestag. Das Millennium. Und die Einkaufstour von Philippe Bruggisser ging weiter. Dunkle Wolken zogen auf. Wahrhaben wollte es keiner. Und niemand hätte es laut zu sagen gewagt. Jene, die meinten zu ahnen, schwiegen. 2001 spielten sich am Balsberg, am Firmenhauptsitz der Swissair, traurige Geschichten ab. Chefs kamen und gingen. Der Verwaltungsrat hatte das Boot gemeinsam verlassen. Geblieben war nur einer: Mario Corti. Tausende von Mitarbeitenden vor Ort und rund um den Globus erlebten live und am Fernsehen das Grounding der Swissairflotte. Am 30. März 2002 dann das Ende der weltbesten Airline. Für die Angestellten traf das Unvorstellbarste ein. Eben noch hatten sie – auf Empfehlung der Finanzabteilung des Konzerns – Aktien gekauft. Diese seien unterbewertet, konnte man in der Hauszeitung lesen. Auch Konrad Trümpler, Stefan Conrad und Sergio Giordani hatten – immer noch voller Vertrauen – zugegriffen. Günstiger komme man nie wieder dazu, hatten sie gedacht. Und dann das Ende. Verlust. Trauer. Wut. Schock. Und auch Angst.

Was war denn – rückblickend betrachtet – schlimmer: der Absturz in Kanada oder das Ende der Airline? Darf man solche Fragen überhaupt miteinander verknüpfen? Mitarbeitende hatten beide Tragödien zu verarbeiten. Verloren Arbeitskolleginnen und Arbeitskollegen und den Glauben an die totale Sicherheit ihrer Airline. Verloren später auch noch ihre Firma. Verloren Geld. Positionen. Jobs – und oft die grosse Vorfreude aufs Reisen im Pensionsalter. Ehen gingen kaputt. Beziehungen zerbrachen. Menschen wurden krank. Physisch. Psychisch.

Ein schwerer Verlust wie jener des Flugunfalls vor Halifax sei früher oder später zu verschmerzen, wenn Trauerarbeit geleistet werde. So jedenfalls stellt sich das **Sergio Giordani** vor: «Am Morgen jenes 3. Septembers hat mich meine Frau geweckt und gesagt, es sei ein Swissair-Flugzeug abgestürzt. Ich dachte, ich würde vom Blitz getroffen, sass bis am Nachmittag im Pyjama vor dem Fernseher und traf dann später einige Pilotenkollegen. Es war ein tieftrauriges Gefühl, so, wie wenn man liebgewonnene Menschen verliert. Aber eine solche Trauer kann man irgendwann überwinden. Es war ein Unfall. Aber das Grounding, da kommen heute noch die Emotionen hoch, der totale Zorn. Ich werde wohl nie darüber hinwegkommen. Ich entwickelte eine derartig starke Aversion gegenüber den Baslern, dass ich jubilierte, als der FCZ am 13. Mai 2006 in der 93. Minute Schweizer Meister wurde. Die Rolle, die Moritz Suter gespielt hat und die im Grounding-Film wunderbar gezeigt wird und nicht weit von der Realität entfernt ist, diese Rolle ist unglaublich. Wir lagen wie verletzte Tiere am Boden, und dann kam jemand, nutzte die Gelegenheit und gab uns noch einen Stoss. Diese Schadenfreude. Da hat es tatsächlich Crossair-Piloten gegeben, die haben Senioritätslisten herumgereicht, auf denen sie sich selber eingetragen hatten und die zeigten, wer wann auf welchen Langstreckenflieger kommt. Vor Kurzem hatte ich meinen Vertrag, den ich nach dem Grounding bekommen hatte, in der Hand. Mit diesem riesigen Crossair-Logo. Am liebsten hätte ich es mit der Schere herausgeschnitten. Aber es ist ein Originalpapier. Ich muss schon sagen: Im Unterschied zum Unfall, der eine grosse, sehr grosse Trauer verursacht hat, die ich im Laufe der Zeit überwunden habe, sind die Nachwehen des Groundings noch präsent. Mit Moritz Suter und André Dosé habe ich wahnsinnig Mühe.» **Urs Pfändler** relativiert die emotionalen Aussagen rund um Dosé und Suter: «Für mich bleiben diese Äusserungen weiterhin eine Vermutung. So hätte es sein können.» Und **Stefan Conrad** meint: «Das Grounding war nur der Gipfel einer neuen Strategie, die in den Jahren 1992/1993 begonnen hat. Wenn man an die gute alte Swissair zurückdenkt, muss man sagen, dass man sich bis in die Achtzigerjahre zurückerinnern muss. Ich habe mich damals stark mit dieser Firma identifiziert. War dort zu Hause. Sie war meine Familie. Man kannte viele Leute. Und es war unglaublich bereichernd, in einem solchen Unternehmen zu arbeiten. Nach 1990 hat jedoch der Umbau

«Es ist nicht einfach dumm gelaufen. Es wurde aktiv
dummes Management betrieben. Das erschüttert.»

begonnen. Wir haben natürlich profitiert. Es kamen neue Flugzeuge. Für uns Piloten war das positiv. Mit dem Unglück vor Halifax ist das Haus, in dem ich mich wohlfühlte, eingestürzt. Und damit meine absolute Sicherheit, dass uns nie etwas passieren würde. Dann die Einkaufstour von Bruggisser. Das Grounding haben wir dieser Strategie zu verdanken, die vom Verwaltungsrat abgesegnet wurde. Es ist nicht einfach dumm gelaufen. Es wurde aktiv dummes Management betrieben. Das erschüttert. Macht wütend. Ja, ich bin immer noch sehr emotional. Beim Grounding sowie beim Zusammenführen der beiden Firmen sind weitere Teile des alten Hauses weggebrochen. Und 2003 hat es die neue Firma Swiss mit einem unfähigen Management fertiggebracht, wiederum kein Geld zu haben. All das, was ich in über 20 Jahren als positiv erlebt habe, kam zum Einsturz. Heute arbeite ich einfach noch bei einer Firma, die zufällig Swiss heisst. Meine Grundhaltung hat sich total verändert. Der Swiss geht es jetzt zwar sehr gut. Wir verdienen Geld. Und dürfen zum Produkt stehen. Aber ich könnte mir heute auch vorstellen, so wie Urs, in einer anderen Firma zu arbeiten. Das hätte ich mir früher nie denken können.» **Sergio Giordani:** «Wenn ich über einen Zeitraum von rund 25 Jahren zurückblicke, sind wir wahrscheinlich noch nie so erfolgreich geführt worden wie heute. Aber es ist vieles liegen geblieben. Die Firma hat den Bogen überspannt. Und

«Heute arbeite ich einfach noch bei einer Firma, die zufällig Swiss heisst. Meine Grundhaltung hat sich total verändert.»

deshalb nimmt die Haltung der Mitarbeitenden ihr gegenüber ein Mass an Indifferenz an, wie sie zu Zeiten der Swissair nie denkbar gewesen wäre.» Ohne die bereits erwähnten Demütigungen, so ist Sergio überzeugt, hätte man wenigstens einen Teil des Swissair-Spirits in die neue Firma hineinretten können. Doch diese Option sei auf der Strecke geblieben. Dass André Dosé zum Manager des Jahres erkoren wurde, begreift keiner der Männer. Fundamentale Fehler habe er gemacht. Intern habe man darüber Bescheid gewusst. Ein Jahr später sei er weg gewesen. Der Grounding-Film habe die Basler-Verbandelung gezeigt. **Urs Pfändler:** «Manager des Jahres: Der Held wird gesucht und gefunden. Im Jahr darauf kommt heraus, was der Held sonst noch geboten hat. Und ‹fällt› – kein Einzelfall. Und was die Basler-Verbandelung betrifft, so ist zwar nachvollziehbar, dass wir diese gerne für alles verantwortlich machen wollen. Aber war es wirklich so? Ich hoffe einmal zu erfahren, wie es wirklich war. Dann kann ich damit auch abschliessen.» **Sergio Giordani:** «Wenn ich mich erinnere, was nach dem Grounding passierte und wie man mit uns umging, da kommt mir auch heute noch die Galle hoch.»

Vor, während und nach dem Grounding spielte Mario Corti eine der Hauptrollen. Ihm, der anfänglich als Super-Mario gelobt wurde, jubelte die Belegschaft zu, als er im Hangar über Sparübungen und Entlassung informierte: Hunderte, oder waren es Tausende von Mitarbeitenden haben ihm zugerufen, so, als ob er das Steuer hätte herumreissen können. Er, der als einziger vom Verwaltungsrat übrig geblieben war, weil er die Swissair und vor allem Tausende von Arbeitsstellen retten wollte. Und daran glaubte, dass er es schaffen würde. **Stefan Conrad:** «Am Tag des Groundings bin ich aus Kairo zurückgekommen. Da sagte man mir am Morgen, dass wir keinen ‹Most› mehr kriegen würden. Und dass Mario Corti unterwegs nach Bern ins Bundeshaus sei, wir einen Zuschuss vom Bund erwarten. Aber am Mittag hiess es, dass Corti nicht angehört worden sei. Und dass eine Gruppe um Dosé ihren Plan habe präsentieren können. Um 16 Uhr sagte Corti, dass er keine andere Lösung sehe, als das Grounding auszurufen. Corti, so dachten wir damals alle, sei unser Held. Unser Retter. Er hat uns auf der emotionalen Ebene abgeholt. Heute muss ich sagen, nein, er war sicher kein Held. Seine emotionale Stärke, seine Überzeugung, dass die Swissair nicht untergehe, wurde ihm und uns allen wohl letztlich zum Verhängnis. Er wollte nicht einzelne Teile der Firma verkaufen. Wollte sie als Ganzes erhalten.» Auf der Beziehungsebene habe er sicher nicht alles optimal gemacht. Sonst hätte ihm Ospel den Überbrückungskredit der UBS gegeben. Nochmals **Konrad Trümpler**: «Man stelle sich vor: Swissair hat damals im Herbst 2001 vom Bund 1,3 Milliarden bekommen. Und die UBS im Herbst 2008 68 Milliarden. Das steht ja in keinem Verhältnis.» Corti sei zu offen, zu ehrlich, zu menschlich und vielleicht zu wenig hintertrieben gewesen. Ohne genügende Vernetzung. Aber es sind sich alle einig: Es gab keinen anderen Weg als jenen des Neuanfangs. **Sergio Giordani**: «Wir gehören ja zu den Privilegierten. Konnten unsere Jobs und Positionen behalten. Es gab einen Kollegen, er war damals 52 Jahre alt, ist 32 Jahre für Swissair geflogen, dem wurde gekündigt. Seine beiden Söhne waren ebenfalls bei der Swissair Copiloten und man hat auch ihnen gekündigt. An jenem Abend gingen sie gemeinsam nach Hause zu Frau und Mutter, um ihr zu sagen, dass sie alle den Job verloren hätten...» Auch **Stefan Conrad** hatte Angst, dass der Oktoberlohn nicht mehr überwiesen werde. Er habe sich überlegt, wie er künftig seine Hypothek bezahlen würde. Lustig sei das nicht gewesen. Auch nicht für seine Frau. Ende Oktober habe man gewusst, dass es bis März weitergehe. Zumindest gab diese Gewissheit für einen Moment Luft. Und das Gute: Es ging ja weiter. **Konrad Trümpler** war zu jener Zeit mit seiner Familie in Neuseeland in den Ferien. Hatte von allem nichts mitbekommen, bis er merkte, dass seine Swissair-Kreditkarte gesperrt war. Er kein Geld mehr abheben konnte. Als er eine Zeitung öffnete, las er, dass die Schweizer Airline am Ende war. Die Flugzeuge am Boden. «Da waren meine Ferien vorbei. Ich ging jeden Tag ins Internetcafé und habe mit Kollegen gemailt. Ich brauchte Geld, um das Wohnmobil zu bezahlen. Für einen Moment war die Situation – im Kleinen, wohlverstanden – existenziell.» Freunde, Nachbarn und Bekannte hätten wohlwollend, ja sogar besorgt reagiert und mitgefühlt. Konrad Trümpler berichtet, dass sogar Mitschüler seiner Kinder nachgefragt hätten, wie es dem Vater gehe. Und **Stefan Conrad** berichtet, dass man ihm gratis und franko eine Laufbahnberatung offeriert habe. **Urs Pfändler**, der sich neu orientieren wollte, betont, dass der Swissair-Bonus bei Bewerbungen geholfen habe. «Unsere Firma hatte einen guten Ruf. Es gab so etwas wie ein kollektives Hilfsbedürfnis gegenüber ehemaligen Swissair-Mitarbeitenden.» Er, der für Swissair in den Achtzigerjahren in Moskau war, hatte damals den Niedergang der Sowjetunion vor Ort miterlebt. Er weiss, was es für diese Menschen bedeutet hat, nicht nur den Verlust einer Firma verkraften zu müssen, sondern die inneren Werte der Gesellschaft zu verlieren. «Das dort war Elend. Hier, in der Schweiz, hätte ich mich notfalls auf ein funktionierendes Auffangnetz verlassen können. Diese Erfahrung hielt ich mir in jener Zeit immer wieder vor Augen, es hat sehr viel relativiert.»

Man hätte das Grounding verhindern müssen. Eine Auffanggesellschaft gründen und geplant in einen Konkurs gehen sollen. Dadurch hätte man wenigstens die Kunden nicht geprellt. Das, was mit dem Grounding passiert sei, hätte unter allen Umständen verhindert werden müssen. Denn der Imageverlust sei kaum wieder gutzumachen.

Den einschneidenden Erlebnissen trotz allem etwas Gutes abzugewinnen, gelingt nicht allen auf Anhieb. **Stefan Conrad**: «Ich möchte von dem, was ich seit 1990 erleben dufte,

nicht einen Tag missen. Trotz allem. Für mich ist es unter dem Strich positiv. Trotz vieler Verletzungen. Trotz Faust im Sack. Trotz Trauer. Trotz Wut. Ich durfte viel lernen.» **Konrad Trümpler:** «Halifax, das gab ein neues Verhältnis zur Endlichkeit. Ich bin dieser leider schon einige Jahre früher im privaten Umfeld begegnet. Das Grounding – hatte bei mir enorm viel ausgelöst. Ich hatte mich entschieden, mit der Fliegerei aufzuhören. Ging in eine Laufbahnberatung und habe dann festgestellt, dass ich unbedingt weiterfliegen will. Das ist und war mein ganz persönlicher Prozess.» **Sergio Giordani:** «Mir wäre es recht gewesen, wenn mir beides erspart geblieben wäre. Ich kann die Erlebnisse wirklich nicht positiv bewerten. Ja klar, es war in manchen Dingen lehrreich. Hat den Horizont erweitert. Man macht sich viele Gedanken. Konkrete und philosophische. Aber es wäre mir auch egal gewesen, wenn mir dieser Prozess erspart geblieben wäre. Wenn man es nicht freiwillig tut, ist man durch solche Vorfälle genötigt, sich mit gewissen Fragen zum Leben, dem Lebenswandel oder zur familiären und beruflichen Situation auseinanderzusetzen. Das hätte sonst in einem solchen Ausmass sicher nicht stattgefunden. Vielleicht war das lehrreich. Trotzdem: Ich wehre mich, halte mich zurück, positiv formulieren zu wollen. Letztlich waren es negative Erlebnisse.»

Dass trotz Schmerz, Verlust, Wut und Trauer über Halifax und das Ende der Swissair etwas übrig geblieben ist, was diese Männer stärker macht, weil es sie näher zu dem gebracht hat, worauf es im Leben wirklich ankommt, mag tröstlich sein. Und darf zuversichtlich stimmen.   ❮

LEBEN A, LEBEN B …
VON KARL LÜÖND

In Winkel bei Bülach der japanischen Teezeremonie begegnen. Die eigene CD abmischen. Umschulen, zuerst zur Spielgruppenleiterin im Waldkindergarten, dann zur Personalfachfrau. Seinen dritten Lebensabschnitt als Kunstmaler verbringen.

In diesem Buch werden merkwürdige Lebensläufe vorgestellt. Das Leben verläuft nicht einfach auf- und abwärts. Die Um- und Seitenwege, die Quereinstiege und die temporären Höhenflüge sind viel spannender. Unter den Mitarbeitenden der ehemaligen Swissair, zumal bei den Flight Attendants und den Piloten, hat es überdurchschnittlich viele interessante Biografien gegeben. Schräge Typen? Das auch. Aber vor allem spannende, mehrdimensionale Menschen. Das Fliegen ermöglichte ihnen die Erweiterung ihrer individuellen Horizonte. Und umgekehrt funktionierte es auch: Zur Fliegerei kamen Menschen mit unergründlichen Talenten und mit Hang und Drang zum Besonderen, denn das Fliegen ermöglichte ihnen ein Leben in mehreren Welten: Leben A, Leben B, in manchen Fällen auch Leben C, nicht ranglistenmässig wertend gemeint, versteht sich. Immer wieder lese ich den gleichen Satz: «Das Fliegen ermöglicht mir, so zu leben, wie ich leben möchte.»

Ausschöpfen, was Welt und Leben zu bieten haben. «Wunderbar, so ein freies Leben, mit allem, was auch weniger schön ist», heisst es an einer Stelle. «Wer die höchsten Höhen erklimmt, fällt auch ziemlich tief, wenn es schlecht geht. Aber das ist immer noch besser als der langweilige Mittelweg. Heiss oder kalt, scharf oder fade, glücklich oder traurig: Was lauwarm ist, gedeiht nicht. Was halbherzig ist, fällt ab. Und wo Mittelmass das Leben bestimmt, fehlt Feuer.»

Einer, der das Feuer bewahrt hat, ist Maurice Choukrane, der Tänzer aus Ägypten. Als Maître de Cabine hat er sich nach seiner Ballettkarriere eine zweite Existenz aufgebaut. Und nun muss man sich vorstellen, was diesem Mann an diesem schicksalhaften 2. Oktober 2001 in London passiert ist:
Landung mit Airbus.
Regen. Starker Regen.
Kein Bus, keine Schirme.
Weil: kein Geld mehr.

Die Passagiere müssen zu Fuss gehen.

Als alle weg sind, kommt die Polizei.

So ist das, wenn man pleite ist. Maurice hat soeben das Grounding der Swissair erlebt. Für ihn und für alle vierzig, die in diesem Buch vorkommen, war das schlimmer als ein Erdbeben: Es war schlechthin das Verschwinden der Erde, die sie bis dahin getragen hatte. Ein existenzieller Bruch – mehr noch: Für viele war der Untergang der Swissair wie der brüske Liebesverrat des langjährigen Partners. Auf einmal waren Hunderte von Parallelwelten zerstört, die in einem auf Liebe gegründeten Urvertrauen sorgsam aufgebaut worden waren. Diese Menschen hatten ihrer Swissair dermassen vertraut, dass sie sogar ihre Ersparnisse auf deren Depositenkasse liegen liessen, bis zu drei Jahresgehältern. Am Ende standen sie stundenlang in der Schlange vor dem Schalter, um ihr Geld zu retten. Das Grounding und das Verschwinden der Swissair war für sie ein Weltuntergang im wahrsten Sinne des Wortes.

Über die Hintergründe des Swissair-Debakels und die Katastrophe vor Halifax sind in den letzten Jahren allein in deutscher Sprache annähernd 20 Bücher veröffentlicht worden. Was Trudi von Fellenberg-Bitzi und Beat Pfändler hier vorlegen, ist trotzdem etwas Besonderes. Nicht technik- und wirtschaftsgeschichtliche Hintergründe, nicht die Erklärungen und Entschuldigungen von Verantwortlichen stehen hier zur Debatte, sondern die namenlosen Betroffenen, vertreten durch Angehörige des Fliegenden Personals.

Die Schicksalsgeschichten in diesem Buch gehen unter die Haut, weil sie authentisch nachzeichnen, wie Menschen mit existenziellen Krisen umgehen. Die Lehre lautet: Nur wer (sich) aufgibt, hat definitiv verloren. Einer hatte es schon 1984 erfahren, als er sich bei der Swissair bewarb und als Schweizer Bürger mit schwarzer Hautfarbe abgewiesen wurde. Er gab nicht auf, hakte nach und wurde ein Jahr später aufgenommen. Auffallend viele Interview-Partner, die sich für dieses Buch zur Verfügung stellten, haben nach dem Untergang der Swissair aufbegehrt, gekämpft und Erfolg gehabt. Damit haben sie ihren Beruf, das Fliegen, in die Nachfolgegesellschaft Swiss gerettet und damit häufig auch die Lebensform, die nur das Fliegen ermöglicht: simultane Existenz in zwei Kontinenten, zwei Berufe, zwei Identitäten. Aus diesen Porträts spürt man sodann: Fliegen wurde für viele zur Lebensschule, denn es festigte Werte wie Offenheit und Beweglichkeit. Musiker und Flight Attendant Bruno Hasler drückt es besonders präzis aus: «Unsere Arbeit zwingt uns zu einem bestimmten Lebensstil, stärker als alle anderen Tätigkeiten. Und das ist die Attraktivität. Aber wenn man etwas gerne tut, ist man auch belastbarer. Wenn die Leidenschaft verloren geht, beginnt der Abstieg. Und wenn man meint, man wisse etwas, verliert man die Neugier. Und damit die Lernfähigkeit. Doch es geht vor allem darum, das Kindliche, die Neugier zu behalten. Es ist egal, ob man Blumen pflückt oder Steine sammelt. Entscheidend ist, ob man es gerne tut. Wie auch immer: Wenn man die Passion aufrechterhält, kriegt man auch die nötige Energie, um weitere Ziele zu erreichen.»

Es mag so aussehen, als gebe es in diesem Buch fast zu viele Happy Ends und fast ausschliesslich starke, glückliche Existenzen. Deshalb ist es gut, auch Geschichten zu lesen wie die von der unglücklichen Frau, die im Gefolge des Swissair-Crashs alles verloren hat: Arbeit, Gesundheit, Partner, vielleicht auch die Hoffnung. Hunderte von Namenlosen, die nie in einem Buch vorkommen werden, sind ähnliche Leidenswege gegangen.

Mit der Glaubwürdigkeit, die nur nachprüfbaren Fallgeschichten eigen ist, schildert die Autorin, was wirklich geschieht, wenn es in den Wirtschaftsnachrichten wieder einmal heisst, es seien «als Folge einer unvermeidlichen Restrukturierung» so und so viele «Arbeitsplätze» abgebaut worden. Wer schreibt schon in das Communiqué, was eben auch wahr ist: Es werden Lebenspläne durchkreuzt, Hoffnungen geknickt, Beziehungen zerrüttet. Die einen wagen nicht mehr, das geplante Haus zu bauen. Die anderen fallen in Krankheit und Depression. Je stärker sie sich mit ihrem Job und der Firma identifiziert haben, desto grösser ist die Fallhöhe. Für einige war selbst der Absturz der MD-11 vor Halifax nicht so erschütternd wie der Untergang der Swissair. Viele nahmen das Verschwinden ihrer Fluggesellschaft – entgegen aller Vernunft – wie ein persönliches Versagen wahr, so stark war auch lange Jahre nach ihrer aktiven Zeit noch die emotionale Bindung an das Unternehmen. Am ergreifendsten habe ich das selber bei Armin Baltensweiler erlebt, dem im Februar 2009 im hohen Alter verstorbenen Direktionspräsidenten der Glanzjahre 1972 bis 1992. In einem Gespräch erwähnte er, längst ein Rentner, eigentlich hätte er nächste Woche zu einem Besuch ins Ausland fliegen wollen. «Aber ich bringe es nicht fertig, in Kloten an den Schalter zu gehen; die kennen mich dort doch alle.» Baltensweiler verzichtete auf die Reise.

Ob Flight Attendant oder oberster Chef, ob Fliegerei oder irgendeine andere Branche: Die meisten Menschen verrichten ihre Arbeit definitiv nicht nur um des Geldes willen. Arbeit bringt Welterfahrung, Menschenkenntnis, Begegnungen. Arbeit schafft Lebenssinn und Sicherheit. Daraus folgt: Menschen engagieren sich gerne für einen Job, den sie lieben. Diese Dimension haben die scheinbar kühlen (und innerlich wahrscheinlich zutiefst unsicheren) Hierarchen, Berater und Manager nicht auf der Rechnung gehabt, als sie die Swissair in den Graben fuhren und in der Schweiz mehrere Tausend Existenzen erschütterten.

«Mach deinen Job, wir machen unseren!» So wurde Flight Attendant Emanuel Femminis einmal von einem Vorgesetzten heruntergeputzt, als er gegen offensichtliche Missstände aufbegehrte, wie es auch viele andere klar sehende Swissair-Mitarbeitende mit Fronterfahrung und Kundenkontakt immer wieder getan haben. Die in diesem Buch versammelten, sorgfältig erhobenen und sensibel nacherzählten Lebensgeschichten sind, jede für sich, ein Argument gegen solche Dummheit. Kluge Vorgesetzte lernen daraus, dass es sich lohnt, auf die Untergebenen zu hören, denn die dort vorhandenen Potenziale sind ergiebiger, als man glaubt. Und wer zum «Fussvolk» gehört wie 95 von 100 Arbeitenden, lernt aus diesen Lebensgeschichten, dass es – trotz des Risikos der Fallhöhe – sinnvoll ist, sein Herz an die Arbeit zu hängen.‹

DANK
AN DANIEL LANGMEIER

Zur Entstehung dieses Buches haben verschiedene Institutionen und Persönlichkeiten beigetragen. Sie alle wurden zu Beginn speziell erwähnt. An dieser Stelle möchten wir einen besonderen Dank an Daniel Langmeier aussprechen. Dank seinem namhaften Beitrag konnten wir dieses Buch und die dazugehörige Foto-Ausstellung am Flughafen in Zürich-Kloten umfassender und aufwendiger realisieren.

Im diesem Buch ist oftmals vom Swissair-Spirit die Rede. Wir beide wissen, dass dieser Spirit nicht zuletzt auch von treuen und langjährigen «Vielfliegern» wie Daniel Langmeier mitgeprägt wurde. «Swissair, das ist für mich der Inbegriff einer Firma gewesen, quasi eine ‹fliegende Schweizer Botschaft›», sagte Langmeier im Gespräch und fügte hinzu: «Überall auf der Welt, wo man ein Flugzeug der Swissair gesehen hat, verspürte man so etwas wie Heimat. Was mit dieser Firma passiert ist, haben mein Vater – ein bekannter Swissair-Flugkapitän – und ich uns zu keiner Zeit vorstellen können.»

Dass Daniel Langmeier, Ingenieur und tätig bei der SMC Corporation mit Hauptsitz in Tokio, der heutigen Swiss für Langstreckenflüge die gleiche Treue schenkt wie einst «seiner» Swissair, mag tröstlich sein und bestätigt, dass die Airline, was Kundenbedürfnisse betrifft, auf dem richtigen Weg ist. Daniel Langmeier danken wir herzlich für die ausserordentlich grosszügige Unterstützung.

Beat Pfändler
Trudi von Fellenberg-Bitzi

© 2009 Orell Füssli Verlag AG, Zürich
www.ofv.ch
© 2009 für Fotografien: Beat Pfändler, Zürich
www.photoatelier.ch
Alle Rechte vorbehalten

Dieses Werk ist urheberrechtlich geschützt. Dadurch begründete Rechte,
insbesondere der Übersetzung, des Nachdrucks, des Vortrags, der Entnahme
von Abbildungen und Tabellen, der Funksendung, der Mikroverfilmung
oder der Vervielfältigung auf andern Wegen und der Speicherung in Daten-
verarbeitungsanlagen, bleiben, auch bei nur auszugsweiser Verwertung,
vorbehalten. Vervielfältigungen des Werkes oder von Teilen des Werkes sind
auch im Einzelfall nur in den Grenzen der gesetzlichen Bestimmungen des
Urheberrechtsgesetzes in der jeweils geltenden Fassung zulässig. Sie sind
grundsätzlich vergütungspflichtig.

Fotos: Beat Pfändler, Zürich
Texte: Trudi von Fellenberg-Bitzi, Grüningen
Lektorat: Regula Walser, Zürich
Editorische Betreuung: Gian Laube, Orell Füssli Verlag AG
Gestaltung und Satz: Doris Grüniger, Buch & Grafik, Zürich
Lithos: Photolitho AG, Gossau/Zürich
Druck und Einband: Himmer AG, Augsburg

ISBN 978-3-280-05338-6

Bibliografische Information der Deutschen Bibliothek:
Die Deutsche Bibliothek verzeichnet diese Publikation in der
Deutschen Nationalbibliografie; detaillierte bibliografische
Daten sind im Internet abrufbar über http://dnb.d-nb.de